España

유머로 배우는 스페인어

유연창 저

Samyoung Publishing House

저자 유연창

한국외국어대학교 스페인어과 졸업
한국외국어대학교 대학원 스페인어과 졸업
스페인 국립 마드리드대학교 언어학박사
한국외국어대학교 강사
한국외국어대학교 입학사정관

저서

통째로 익히는 스페인어
무지무지 쉬운 기초스페인어회화
TOTAL 스페인어 문법
스페인어 기초다지기
즐겨라!! 여행 스페인어
초급스페인어
스페인어 접속법
스페인어 필수어휘
스페인어 문장이야기
스페인어 세계
스페인어 플렉스
어린왕자 (서한대역)
사기결혼 (세르반테스)

유머로 배우는 스페인어

2010년 2월 5일 초판 1쇄 인쇄
2010년 2월 11일 초판 1쇄 발행

편저자 유연창
펴낸이 정정례
펴낸곳 삼영서관
디자인 디자인클립
일러스트 박단비

주소 서울 동대문구 답십리3동 469-9 1F
전화 02) 2242-3668 팩스 02) 2242-3669
홈페이지 www.sysk.kr
이메일 sysk@paran.com
등록일 1978년 9월 18일
등록번호 제1-261호

ISBN 978-89-7318-331-9 03770

책값 12,000원

※ 파본은 교환하여 드립니다.

España

유머로 배우는
스페인어

머리말

    세계적으로 스페인어는 영어 다음으로 많은 나라에서 사용되는 언어이며, 스페인과 중남미 20여 개국의 국어일 뿐 아니라 아프리카의 옛 식민지와 필리핀 등에서도 사용되는 중요한 언어입니다. 또한 국제연합의 6개 공용어 중의 하나로 지정되어 있고, 미국에서는 가장 중요한 외국어로 대부분의 미국시민들이 스페인어를 배우고 있습니다. 우리나라에서는 현재 스페인어의 중요성에 대한 인식이 부족한 상황이지만, 우리나라와 스페인어권 국가의 관계를 전망해보면 스페인어의 중요성을 실감하게 될 것입니다.

    외국어 학습의 최종 목표는 자유로운 의사소통입니다. 구분해서 말하면, 말하기와 듣기, 읽기와 쓰기를 자유롭게 하는 것입니다. 이것을 위해서는 먼저 기본적인 문법과 어휘를 익히는 것이 필요합니다. 문법과 어휘를 바탕으로 다양한 문장과 표현을 자주 접하면서 익히는 것이 필요합니다.

    그런 측면에서 삼영서관의 서한대역 시리즈는 스페인어 학습에 많은 도움이 되리라 확신합니다. 스페인어 텍스트와 한국어 해석문을 대조하면서 문장과 표현을 이해하면서 스페인어 능력을 키울 수 있기 때문입니다.

    〈유머로 배우는 스페인어〉는 스페인 유머를 통하여 스페인어 일상회화를 배울 수 있도록 구성한 책입니다. 재미있는 유머를 통하며 자연스럽게 스페인어 회화체 표현을 익힐 수 있습니다. 본서의 원문에 있는 표현은 실제 스페인어권 사회에서 사용되고 있는 표현이기 때문에 실용표현을 익히는데 많은 도움이 될 것입니다.

유연창

이 책의 특징

- 다양한 유머표현으로 스페인어를 재미있게 익힐 수 있다.
- 스페인어의 기본적이고 실용적인 표현을 사전없이 쉽게 읽을 수 있다.
- 본문의 표현에 관련된 유용한 표현으로 표현력 Up!!

다양한 유머표현으로 스페인어를 재미있게 익힐 수 있다.

스페인어의 기본적이고 실용적인 표현을 사전없이 쉽게 읽을 수 있다.

다양한 유머표현으로 스페인어를 재미있게 익힐 수 있다.

본문의 표현에 관련된 유용한 표현으로 표현력 Up!!

유머로 배우는 스페인어

유머로 배우는 스페인어

Chapter **1**

동물

Un turista entra en una granja y pregunta al dueño:

- ¿Pone muchos huevos esa gallina blanca?

- Hasta ahora, ninguno.

Responde el campesino.

- ¡Qué contento se pondrá Vd. cuando ponga el primero!

- Figúrese: venderé huevo y ave a
   peso de oro.

- ¿Por qúe?

Pregunta extrañado el
turista.

Y el granjero le contesta
riendo:

- Pues esa gallina...
   ¡es un gallo!

𝒱ocabulary

turista 관광객 | entrar en …에 들어가다 | granja 농장 | dueño,-ña 주인 | poner huevo
알을 낳다 | gallina 암탉 | hasta ahora 지금까지 | responder 대답하다 | campesino,-na
시골사람 | contento, -ta 만족한 | se pondrá ponerse의 미래시제 | ponerse+형용사 …로 되다 |
figurarse 상상하다, …을 생각하다 | ave 새 | a peso de oro(plata, dinero) 비싼 값으로 |
preguntar 질문하다 | extrañado 이상하게 여기는 | granjero 농장주인 | gallo 수탉

◌ 한 관광객이 농장에 들어가 농장 주인에게 물었다.

"이 흰 닭은 알을 많이 낳습니까?"

"지금까지는 하나도 낳지 않았어요."

농장 주인이 대답했다.

"이 닭이 첫 번째 알을 낳는다면 당신은 참 기쁘겠군요!"

"생각해보세요. 그렇게 된다면, 나는 알과 닭을 엄청 비싼 값에 팔 거예요."

"왜요?"

그 관광객은 궁금해서 물었다.

그 농장주인은 웃으면서 그에게 말했다.

"이 닭은... 수탉이거든요!"

유용한 표현

La gallina pone muchos huevos. 그 암탉은 알을 많이 낳는다.

Se puso pálido. 그는 창백해졌다.

Se pondrá contento. 그는 매우 만족해 할 것이다.

Póngame un kilo de naranja. 오렌지 1킬로 주세요.

Al oír la noticia me puse furioso. 그 뉴스를 들었을 때 나는 화가 났다.

Un hombre pasea con su foca por la calle y se encuentra con un amigo, que le dice:

- ¿Qué haces con una foca por la calle?

- Es que me la han regalado y no sé qué hacer con ella.

- ¡Pues llévala al Zoo!

- Ya la he llevado al cine y al Parque de Atracciones, pero nada le divierte.

ocabulary

foca 물개 | encontrarse con ···와 마주치다, 만나다 | regalar 선물하다 | no saber qué+동사원형 ···을 해야 할지 모르다 | llevar 가지고(데리고) 가다 | zoo 동물원 | Parque de Atracciones 놀이공원 | divertir 즐겁게 하다

한 남자가 물개와 함께 거리를 걷다가 한 친구를 만난다. 친구가 그에게 말한다.

"물개를 데리고 길에서 뭘 하는 건가?"

"선물로 받은 건데, 어떻게 해야 할지 모르겠어."

"그럼 동물원으로 데리고 가게."

"벌써 영화관과 놀이공원에 물개를 데리고 갔었는데, 전혀 즐거워 하지 않아."

유용한 표현
....

Me encontré con Marisol en la calle. 나는 길에서 마리솔과 마주쳤어.

Encontró las llaves por casualidad. 그는 우연히 열쇠를 발견했다.

Encontré a los jugadores cansados. 나는 그 선수들이 지친 것을 보았다.

¿Qué hiciste con el caballo? 너는 그 말을 어떻게 했니?

Va un señor con un pato debajo del brazo y se encuentra con un joven que dice:

- ¿A dónde vas con ese cerdo?

- No, esto es un pato.

- Cállese, yo estoy hablando con el pato.

𝒱ocabulary

pato 오리 | debajo de… …아래에 | brazo 팔 | ¿a dónde …? 어디로?, 어디에? | cerdo 돼지 | esto (중성지시대명사) 이것 | cállese callarse(잠자코 있다)의 명령법 | estoy halablando hablar(말하다)의 현재진행

한 신사가 오리를 팔에 안고 가다가 젊은이를 만난다. 젊은이가 그에게 말한다.

"돼지를 데리고 어디가시죠?"

"아니오, 이것은 오리입니다."

"조용히 하세요. 난 지금 오리와 말하고 있는 중이요."

Encontré el libro debajo de la mesa. 나는 테이블 아래에서 책을 발견했다.

En lugar de poner los libros debajo, ponlas encima.
책을 아래에 놓지 말고 위에 놓아라.

El río corre por debajo del puente. 강은 다리 아래를 흐르고 있다.

Un hombre entró en una pajarería y pidió un loro bilingüe. El propietario del establecimiento le enseñó uno que tenía un cordel atado a cada pata.

- Si usted tira del cordel de la pata izquierda, el loro hablará en coreano -le explicó. Si tira del otro, hablará en inglés.

- ¿Y qué pasará si tiro de ambas a la vez? -preguntó el cliente.

- Que me estamparé contra el suelo -contestó el loro.

Vocabulary

pajarería 새(pájaro)파는 가게 | pedir 청하다 | loro 앵무새 | bilingüe 2개 국어를 말하는 | propietario,-ria 소유자 | establecimiento 건물, 영업소, 점포 | enseñar 보여주다, 가르치다 | cordel 끈, 줄 | atado 묶인, atar(묶다)의 과거분사 | pata 다리 | tirar de… 잡아당기다 | izquierdo 왼쪽의, 좌편의 | coreano 한국어 | inglés 영어 | explicar 설명하다 | a la vez 동시에 | cliente 고객 | estamparse 내던져지다 | suelo 바닥 | contestar 대답하다

한 남자가 새 파는 집에 들어가서 2개 국어를 하는 앵무새를 달라고 했다. 그 가게 주인은 그에게 양다리가 각각 끈으로 묶여있는 새 한 마리를 보여주면서 설명했다.

"당신이 왼쪽 다리의 끈을 잡아당기면, 그 앵무새는 한국말을 하고, 다른 쪽 다리의 끈을 당기면 영어를 말할 겁니다."

"만약 두 다리의 끈을 동시에 당기면 어떻게 될까요?" 손님이 물었다.

"그럼 나는 바닥에 떨어지겠죠." 앵무새가 대답했다.

유용한 표현

Paraguay es un país bilingüe.　파라과이는 2개 언어 사용 국가이다.

Compré un diccionario bilingüe coreano-español.
나는 한국어–스페인어 (2개 국어) 사전을 샀다.

5

Un amigo le dice a otro:

- Ayer vi a un recién nacido que ha aumentado veinte kilos en dos semanas bebiendo leche de elefante.

- ¡No me digas! ¿Y de quién era el hijo?

- Del elefante.

$\mathcal{V}$ocabulary

recién 갓 …한, 막 …한 | recién nacido 방금 태어난 | ha aumentado aumentar(늘다)의 현재완료 |
leche 우유 | elefante 코끼리 | ¡No me digas! 이럴 수가! (나에게 말하지 마라!) |
¿De quién? 누구의? | hijo 아들

한 친구가 다른 친구에게 말한다.

"내가 어제 태어난 지 얼마 안 되는 아기를 봤는데, 코끼리 젖을 먹고 2주 동안에 무게가 20킬로나 늘어났어."

"그럴 수가! 누구 아들인데?"

"코끼리 아들이지."

유용한 표현

los recién casados 신혼부부

la leche recién ordeñada 막 짠 젖

Me presentó a un matrimonio recién casado. 그는 나에게 신혼부부를 소개했다.

Fuimos a la clínica a visitar al recién nacido. 우리는 갓난아기를 보러 병원에 갔다.

1. 동물

Un cazador pregunta a un campesino:

- ¿Ha visto pasar por aquí volando una perdiz?

El campesino responde:

- ¿Una perdiz roja que parece que iba herida en el ala derecha?

- ¡Sí... sí... sí...!

- Pues mire usted, no la he visto.

𝒱ocabulary

cazador,-ra 사냥꾼 I campesino,-na 시골사람 I perdiz 자고새, 메추리 I volar 날다 I rojo,-ja 빨간 I herido,-da 상처 입은 I ala 날개 I derecho,-cha 우측의

한 사냥꾼이 시골사람에게 묻는다.

"자고새가 이리로 날아 지나가는 것을 봤습니까?"

시골사람이 대답한다.

"오른쪽 날개에 상처를 입은 것 같아 보이는 빨간 자고새 말인가요?"

"네! 네! 맞아요."

"그런데.... 저는 그것을 못 봤는데요."

유용한 표현

¿Has visto un perro pasar por aquí? 개 한 마리가 이리 지나가는 것을 보았니?

Anoche oí a Julia cantar. 어젯밤 나는 훌리아가 노래하는 것을 들었다.

Anoche la oí cantar. 어젯밤 나는 그녀가 노래하는 것을 들었다.

He oído mucho hablar de usted. 저는 선생님 말씀 많이 들었습니다.

He oído hablar mal de él. 나는 그에 대하여 욕하는 것을 들었다.

유머로 배우는 스페인어

유머로 배우는 스페인어

Chapter **2**

학생

En una clase preguntan cómo se llamaban las tres naves que llevaron a Colón a América, y en ese momento un alumno ve por la ventana una chica muy guapa y exclama:

- ¡Santa María, qué pinta tiene la niña!

Vocabulary

clase 수업, 교실 I llamarse …라고 불리다 I nave 배 I en ese momento 그 때 I por …을 통하여 I ventana 창문 I guapo,-pa 잘 생긴, 예쁜 I exclamar 외치다 I pinta 모양, 겉모양 I tener pinta 스타일이 좋다

🐚 수업시간에 콜럼부스를 태우고 아메리카 대륙으로 간 세 척의 배 이름을 묻는다. 그 때 한 남학생이 매우 예쁜 여학생이 지나가는 것을 창문으로 보고 외친다.

"세상에! 저 여자 스타일 죽이는군!"

> 66 콜럼부스가 아메리카 대륙으로 타고 간 세 척의 배의 이름은 la Santa María, la Pinta, la Niña 이다. 학생이 예쁜 여학생을 보고 놀라면서 말한 문장에 들어 있는 단어와 우연히 일치한 것이다. 99

유용한 표현

Ella va a dar un paseo por el parque. 그녀는 공원을 산책할 것이다.

Yo quiero viajar por España. 나는 스페인을 여행하고 싶다.

Yo ví a mi madre por la ventana. 나는 창문으로 어머니를 바라보았다.

El ladrón entró por la ventana. 도둑은 창문으로 들어왔다.

Un campesino, padre de un alumno, se queja al profesor:

- José no quiere llevar los cerdos a pastar.

- ¿Y yo qué tengo que ver con eso? -se asombra el profesor.

- Es que usted ha enseñado al niño el proverbio 《Dime con quién andas y te diré quién eres》.

Vocabulary

campesino,-na 시골 사람 | quejarse 불평하다 | cerdo 돼지 | pastar 풀을 먹이다 | tener que ver con… …과 관계가 있다 | asombrarse 놀라다 | enseñar 가르치다 | proverbio 격언, 속담

한 학생의 아버지인 시골사람이 선생님에게 불만을 토로한다.

"호세가 풀을 먹이러 돼지를 데리고 가려 하지 않아요."

"그것이 저와 무슨 관계가 있습니까?" 선생님이 놀라서 말한다.

"선생님께서 아이에게 이런 속담을 가르치셨기 때문입니다. '네가 어떤 사람과 다니는지 알면 네가 어떤 사람인지 알 수 있다.'"

> 선생님이 가르쳤다는 그 격언은 '유유상종'을 의미한다.
> 《Dime con quién andas y te diré quién eres.》같은 동아리끼리 서로 오가며 사귐(유유상종)

유용한 표현

Te quejas por todo, no aguantas nada. 너는 아무것도 참지 못하고 모든 것에 불평을 하는구나.

¿De qué te quejaste? -Me quejé de la mala comida.
뭐에 대해서 불평했니? - 형편없는 음식에 대하여 불평했지.

Yo no tengo nada que ver con este asunto. 나는 이 사건과 아무 관계가 없다.

Una gitanilla pide limosna a una señora que, muy duramente le dice:

- ¡Qué pobrecita! En lugar de estar aquí deberías ir a la escuela.

Y la gitanilla dice:

- He estado en la escuela, pero sólo había niños. ¡No he conseguido ni un céntimo!

𝒱ocabulary

gitanilla 집시소녀 (gitana의 축소형) | pide pedir(부탁하다)의 3인칭 단수 | limosna 동냥 |
duramente 모질게 | pobrecito,-ta pobre(불쌍한)의 축소형 | en lugar de …대신에 |
deber …해야 한다 | escuela 학교 | conseguir 성취하다, 얻다 | ni …조차 않다 | céntimo 센트

한 집시소녀가 부인에게 구걸한다. 부인은 냉정하게 말한다.

"불쌍하기도 해라! 여기 있지 말고 학교에 가야 할 텐데."

집시소녀가 말한다.

"학교에도 가봤지요. 그러나 아이들만 있었어요. 한 푼도 얻지를 못했어요."

유용한 표현

Podemos ir al cine en lugar de ir al parque. 우리는 공원에 가는 대신에 영화관에 갈 수 있다.

Conseguí dos billetes para el partido. 나는 경기 티켓 두 장을 구했다.

Todos consiguieron aumentos de sueldo. 모두가 급여의 인상을 성취했다.

2. 학생

Le preguntan a Jorge el nombre de un pájaro que hay en una jaula, pero está tapado con un trapo y sólo se ve su patita.

- No lo sé -dice Jorge.

- Tienes un cero. ¿Cómo te llamas? -dice el profesor.

Jorge enseña su pierna y contesta:

- Adivínelo.

Vocabulary

jaula 새장, 우리 | tapado,-da 덮여있는 | trapo 천, 직물 | patita pata(발)의 축소형 | cero 0(영) | enseñar 보여주다 | pierna 다리 | adivínelo adivine(명령형)+lo(목적대명사) | adivinar 알아맞히다

👓 선생님께서 호르헤에게 새장에 있는 새 이름을 맞혀보라고 하신다. 그런데 새장은 천으로 덮여있어서 새의 발만 보인다.

"모르겠는데요." 호르헤가 말한다.

"너는 빵점이야. 네 이름이 뭐지?" 선생님이 말한다.

호르헤는 자신의 발을 보여주면서 대답한다.

"알아 맞혀보세요."

Llega Antonio a casa y, escondiendo las notas detrás de la espalda, le ofrece un bolígrafo a su padre y le dice:

- Papá, ¿sabes firmar con los ojos cerrados?

Vocabulary

llegar a ···에 도착하다 ǀ esconder 숨기다 ǀ nota 성적 ǀ espalda 등 ǀ ofrecer 주다, 공급하다 ǀ
bolígrafo 볼펜 ǀ firmar 서명하다 ǀ con los ojos cerrados 두 눈을 감은 채

🐍 안또니오가 집에 와서 성적표를 등 뒤에 감추고 아버지에게 볼펜을 주면서 말한다.

"아빠, 눈을 감고 사인할 줄 아세요?

유용한 표현

[con+명사+과거분사]

con los ojos cerrados 눈을 감고

con la boca abierta 입을 벌리고

con los brazos cruzados 팔짱을 끼고

2. 학생

Un chico le dice a otro:

- Sólo llevo un mes en el Colegio y ya me han dado tres premios.

- ¿Y por qué motivos?

- El primero, porque tengo muy buena memoria.

- ¿Y los otros dos?

- Los otros... los otros... ¡caramba! ¡Ahora no me acuerdo!

𝒱ocabulary

chico,-ca 소년, 소녀 | llevar …의 시간이 되다 | colegio 학교 | mes 달, 월 | premio 상 |
motivo 동기, 이유 | primero 첫 번째 | porque 왜냐하면 | memoria 기억(력) | caramba (놀라
거나 화날 때) 감탄사 | me acuerdo acordarse(기억하다)의 1인칭 단수

한 아이가 다른 아이에게 말한다.

“나는 학교 다닌 지 한 달밖에 되지 않았는데 상을 세 개나 받았어.”

“뭐 때문에?

“첫 번째 상은 내가 기억력이 좋다는 이유이지.”

“다른 두 개의 상은?”

“다른 상은... 말이야. 다른 상은... 이런 제기랄! 기억이 나지 않네.”

유용한 표현

Llevo tres años en Corea. 나는 한국에 온지 3년 되었다.

Llevo dos horas esperándote. 나는 두 시간째 너를 기다리고 있다.

Elena y Luis se llevan bien. 엘리나와 루이스는 사이가 좋다.

Eduardo lleva la chaqueta blanca. 에두아르도는 흰 재킷을 입고 있다.

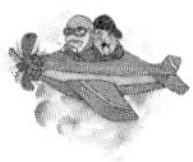

Diálogo entre padre e hijo.

- George Washington, cuando tenía tu edad -reprende el padre- era el primero de la clase.

- Sí -contesta el hijo-, y a la tuya era Presidente de los Estados Unidos.

𝒱ocabulary

diálogo 대화 ㅣ entre ···사이에 ㅣ edad 나이, 연령 ㅣ reprender 꾸짖다 ㅣ presidente 대통령 ㅣ
los Estados Unidos 미국

🐦 아버지와 아들의 대화

아버지가 아들을 꾸짖는다.

"조지 워싱턴은 네 나이에 반에서 1등을 했지."

아들이 대답한다. "네, 그리고 아버지 나이에는 미국의 대통령이 되었지요."

유용한 표현

Juan tiene doce años de edad. 후안은 나이가 12살이다.

Cuando cumpla 18 años, seré mayor de edad. 내가 18살이 되면 성년이 된다.

A los 15 años leyó a Victor Hugo. 그는 15살 때 빅토르 위고의 작품을 읽었다.

2. 학생

En clase de Historia, le pregunta a Felipe:

- ¿Qué ocurrió en 1492?

- Yo qué sé, profesor, si ni siquiera había nacido.

Vocabulary

historia 역사 | ocurrir 발생하다 | sé saber(알다)의 1인칭 단수 | Yo qué sé. 나는 모른다, 내가 알게 뭐야 |
siquiera (ni, no, sin 등과 같은 부정어와 함께) ···조차 아니다 | había nacido nacer(태어나다)의 과거완료

🪶 역사 수업시간에 선생님이 펠리뻬에게 묻는다.

"1492년에 어떤 일이 일어났지?"

"제가 어떻게 알겠어요? 선생님. 그때 저는 태어나지도 않았는데요."

¿Qué ocurre? 무슨 일이야?

¿Dónde ocurrió el accidente? -Ocurrió en la esquina.
사고가 어디에서 발생했습니까? -모퉁이에서 발생했습니다.

El suceso ocurrió durante las vacaciones. 그 사건은 휴가 중에 일어났다.

Se me ocurrió una buena idea. 나에게 좋은 생각이 떠올랐다.

유머로 배우는 스페인어

유머로 배우는 스페인어

Chapter **3**

바보

Una señora echa una moneda en el platillo de un ciego, pero la moneda rueda por el pavimento. El ciego se levanta y la recoge. La señora, extrañada, le pregunta:

- ¿Usted no es ciego?

- No, señora, estoy reemplazando al verdadero ciego, que se fue al cine.

$\mathcal{V}$ocabulary

echar 던지다 ǀ moneda 동전 ǀ platillo 작은 접시 (plato의 축소형) ǀ ciego,-ga 장님 ǀ rodar 굴러 가다 ǀ pavimento 포장한 길 ǀ levantarse 일어나다 ǀ recoger 줍다 ǀ extrañado,-da 놀란 ǀ reemplazar 교체하다, 대신하다 ǀ verdadero,-da 진짜의, 진정한

🐌 한 부인이 장님의 접시에 동전을 던져준다. 그러나 동전이 길바닥으로 굴러간다. 장님은 일어나서 동전을 집는다. 부인이 놀라서 묻는다.

"당신은 장님이 아니에요?"

"네, 부인. 저는 진짜 장님을 대신해서 여기 있습니다. 그는 영화관에 갔거든요."

Ella se levanta de la silla. 그녀는 의자에서 일어난다.

Me levanto a las seis de la mañana. 나는 아침 6시에 일어난다.

No puedo levantar esta maleta. Es muy pesada. 이 가방을 들 수가 없어. 너무 무거워.

Si quieres permiso, ¡levanta la mano! 허락을 받고 싶으면, 손을 들어!

3. 바보

Un avaro dice al pastelero:

- Ponga dos velitas en el pastel, que mi niña cumple tres años.

- Querrá usted decir tres velas.

- No, dos son suficientes, la niña todavía no sabe contar.

Vocabulary

avaro,-ra 구두쇠, 욕심쟁이 | pastelero,-ra 빵집 주인 | pastel 케이크 | cumplir 채우다 | año 해, 나이 | querer 원하다 | suficiente 충분한 | todavía 아직 | saber 알다 | contar 세다, 계산하다

한 구두쇠가 빵집 주인에게 말한다.

"케이크에 초 두 개를 주세요. 우리 딸아이가 세 살이 되거든요."

"초 세 개를 말씀하시는 것이겠지요."

"아니오, 두개면 충분해요. 그 아이는 아직 셈을 할 줄 모르니까요."

Mi mujer cumple hoy 30 años. 내 아내는 오늘 30세가 된다.

Ella cumplió su palabra. 그녀는 자신이 말한 것을 이행했다.

No creo que ella cumpla su promesa. 나는 그녀가 약속을 지킬 거라고 생각하지 않는다.

3. 바보

▶ ABSURDOS 바보

- No puedo más -se lamenta un hombre-, mi mujer me pide dinero todos los días y a todas horas.

- ¿Y para qué lo necesita?

- No lo sé, nunca se lo he dado.

Vocabulary

lamentarse 한탄하다 | hombre 사람, 남자 | pedir 요청하다 | dinero 돈 | todos los días 매일 | a todas horas 매 시간 | ¿para qué …? 무엇을 위하여 | necesitar 필요하다 | nunca 결코 …않다

한 남자가 한탄하며 말한다.

"더 이상 견딜 수가 없어요. 제 처는 매일 매시간 저에게 돈을 달라고 합니다."

"그녀가 뭐 때문에 돈이 필요한 거죠?"

"모르죠. 난 결코 줘본 적이 없으니까요."

유용한 표현

Ella se lamenta de que ya no puede trabajar.

그녀는 더 이상 일할 수 없어서 한탄한다.

Lamento que no puedas asistir a la fiesta.

네가 축제에 참가할 수 없다니 유감이다.

Lamento mucho la muerte de su padre.

그의 아버지의 죽음에 아주 유감스럽게 생각한다.

Un pastor viaja a Madrid para protestar porque un tren había atropellado a muchas de sus ovejas. Va el buen hombre por la calle y ve en un escaparate un tren de juguete. Entra en la tienda y empieza a dar golpes al tren, hasta que le detiene un dependiente:

- ¡Oiga! ¿pero qué hace?

Y contesta el pastor:

- Es que a éstos hay que matarlos de pequeños, porque de mayores son...

*V*ocabulary

pastor 목동 | protestar 항의하다 | atropellar 짓밟다, 범하다 | oveja 양 | escaparate 진열장 | tren de juguete 장난감 기차 | matar 죽이다 | de pequeños 어릴 때 | de mayores 어른일 때

기차 사고로 많은 양들을 잃은 한 목동이 항의하기 위하여 마드리드로 떠난다. 그 목동이 길을 지나가다가 진열장에서 장난감 기차를 본다. 목동은 가게로 들어가 기차를 때려부수기 시작한다. 종업원이 그를 말린다.

"여보세요! 뭐하는 거예요?

목동이 대답한다.

"이것들은 어렸을 때 죽여야 해요. 왜냐하면 커지면…"

유용한 표현

Le atropelló un auto. 자동차가 그를 치었다.

Un coche que iba a gran velocidad atropelló a un anciano.
전속력으로 달리던 자동차가 한 노인을 치었다.

Mi amigo sufrió un atropello al cruzar la calle.
나의 친구가 길을 건너다가 자동차 사고를 당했다.

Tres peatones fueron víctimas de un atropello. 행인 세 명이 교통사고의 희생자였다.

3. 바보

Le dice un soldado a otro.

- No me molestes. ¿No ves que estoy escribiendo a mi novia?

- ¿Y por qué escribes tan despacio?

- Es que ella no sabe leer rápido.

Vocabulary

soldado 군인 | molestar 귀찮게 하다 | novio,-via 애인 | tan (tanto의 어미 탈락형, 형용사와 부사 앞에 위치) | despacio 천천히 | sabe leer 읽을 줄 안다 | rápido 빠른, 급한

🐌 한 군인이 다른 군인에게 말한다.

"나를 귀찮게 하지 마. 지금 내가 애인에게 편지 쓰는 것이 안보여?"

"그런데 왜 그렇게 천천히 쓰는 거지?"

"그녀가 빨리 읽지 못하기 때문이지."

3. 바보

Un atleta acaba de batir el récord mundial de los cien metros planos. Acuden todos a felicitarle y le oyen murmurar:

- ¿Quién ha metido el avispero dentro de mi pantalón?

Vocabulary

atleta 육상선수 | acaba de 방금 …하다 | batir 기록을 깨다 | récord mundial 세계기록 | planos 평면의 | acudir 달려오다 | felicitar 축하하다 | murmurar 중얼거리다 | avispero 벌집

🐝 육상선수가 방금 육상 100미터의 세계신기록을 세웠다. 모두가 그를 축하하러 달려왔다. 그리고는 그가 중얼거리는 것을 듣게 된다.

"누가 내 바지 속에 벌집을 넣은 거야?"

유용한 표현

Acaban de llegar de España. 그들은 방금 마드리드로부터 도착했다.

No quiero nada porque acabo de comer hace un momento.
나는 방금 식사를 했기 때문에 아무 것도 먹고 싶지 않다.

Ella acaba de escribir una carta a su madre. 그녀는 방금 어머니에게 편지를 썼다.

3. 바보

Un joven decide ir a un 《adivino》. Llama a la puerta y escucha:

- ¿Quién es?

El joven se vuelve a su casa murmurando: ¡Vaya adivino!

*V*ocabulary

decidir+동사 ···하기로 결심하다 ǀ adivino 점쟁이 ǀ murmurando 중얼거리면서 ǀ volverse 돌아오다

🐌 한 젊은이가 점쟁이에게 가기로 마음먹는다. 노크를 하고 귀를 기울인다.

"누구시죠?"

젊은이는 중얼거리면서 집으로 돌아온다.

"점쟁이도 별 수 없군!"

유용한 표현

Hemos decidido salir mañana de viaje. 우리는 내일 여행을 떠나기로 결정했다.

Felipe decidió volver a Madrid. 펠리뻬는 마드리드로 돌아갈 결심을 했다.

Me he decidido marcharme en seguida. 나는 즉시 출발하기로 결정했다.

▶ ABSURDOS 바보

Un vendedor por la calle ofrece un reloj a un transeúnte, y éste pregunta:

- ¿Qué tal es?

- De primerísima calidad.

- ¿Y qué marca?

- ¡Las horas, como todos!

*V*ocabulary

vendedor,-ra 판매자 l ofrecer 제공하다 l reloj 시계 l transeúnte 행인 l primerísimo,-ma primero의 절대최상급 l calidad 품질 l ¿qué marca? 무엇을 표시하죠? 무슨 상표죠?

🌙 길에서 한 상인이 행인에게 시계를 보여주자, 행인이 묻는다.

"어떤 거죠?"

"최상급이죠."

"어떤 상표죠?"

"시간을 알려주죠. 모든 시계처럼."

¿Qué marca? 무엇을 표시하는가? [동사]

¿Qué marca? 무슨 상표인가? [명사]

El termómetro marca cuarenta grados. 온도계는 40도를 가리킨다.

El Real Madrid marcó tres goles. 레알마드리드 팀은 세 골을 넣었다.

3. 바보

▶ ABSURDOS 바보

En un parque están pintando los bancos, cuando se acerca un mendigo y pregunta:

- ¿A qué hora cree que estarán secos?

- Hacia las doce de la noche. ¿Por qué?

- ¡Lástima! Esta noche quería irme a la cama temprano.

*V*ocabulary

parque 공원 I pintar 칠하다 I banco 벤치 I acercarse 다가오다 I ¿a qué hora ···? 몇 시에? I seco 마른 I hacia ···경, 무렵 I las doce de la noche 밤 12시 I lástima 유감 I esta noche 오늘 밤 I temprano 일찍

✍ 한 공원에서 사람들이 벤치에 페인트칠을 하고 있다. 그때 거지가 다가와 묻는다.

"몇 시에 다 마를 거라고 생각합니까?"

"대략 밤 12시경이요. 왜 그러시는데요?"

"유감이군요! 오늘밤은 일찍 잠자리에 들려고 했거든요."

유용한 표현

¡Se acercan las vacaciones! 곧 방학이다!

Se acercó un poco más para ver mejor. 그는 더 잘 보기 위하여 다가갔다.

Ella se acercó a él para besarlo. 그녀는 키스하려고 그에게 다가갔다.

3. 바보

Una señora muy gorda llamó a una clínica donde se hacen tratamientos para reducir peso, diciendo que su marido le acababa de hacer un regalo, pero que ella no cabía en él.

El médico le dio una cita y agregó animándola:

- No se preocupe, señora, haremos que usted pueda usar ese vestido muy pronto.

- ¿Pero quién ha hablado de vestido? -sollozó ella- ¡Lo que me ha regalado es un coche!

𝒱ocabulary

gordo,-da 뚱뚱한 ǀ llamar 전화하다 ǀ clínica 병원 ǀ tratamiento 치료 ǀ reducir peso 체중을 줄이다 ǀ marido 남편 ǀ acabar de 방금 …하다 ǀ regalo 선물 ǀ caber en …에 들어가다 ǀ dar una cita 예약을 해주다 ǀ agregar 부언하다 ǀ animar 용기를 북돋우다 ǀ preocuparse 걱정하다 ǀ vestido 옷 ǀ sollozar 흐느끼다 ǀ regalar 선물하다

🐌 매우 뚱뚱한 한 부인이 체중을 줄이려고 치료를 받고 있는 병원에 전화를 걸어, 남편이 방금 선물을 했는데 그 선물이 자신한테 작다고 말한다.

의사는 그녀에게 예약을 해주고 그녀를 격려하며 덧붙여 말한다.

"부인, 걱정하지 마세요. 당신이 곧 그 옷을 입을 수 있도록 해드리겠습니다."

부인이 흐느낀다.

"누가 옷이라고 그랬어요? 제가 선물로 받은 것은 자동차란 말이에요!"

유용한 표현

El sofá no cabe en la sala. 소파가 거실에 들어가지 않는다.

En el coche todavía cabe uno más. 차에는 아직 한 사람이 더 탈 수 있다.

No me cabe en la cabeza cómo has podido hacerlo.
네가 어떻게 그것을 할 수 있었는지 이해가 안 된다.

3. 바보

Un joven aparece en coche frente al Congreso, y cuando ha aparcado su coche, le dice un policía:

- ¡Oiga! No puede aparcar aquí, van a salir los diputados.

Y contesta el joven:

- No importa, lleva 《antirrobo》.

Vocabulary

aparecer 나타나다 | frente a …앞에 | Congreso 의사당 | aparcar 주차하다 | diputado 국회의원 | importar 중요하다 | llevar 가지고 있다 | antirrobo 도난방지장치

한 젊은이가 의사당 앞에 자동차를 타고 나타난다. 그가 자동차를 주차하자 경찰이 그에게 말한다.

"여보세요! 여기 주차할 수 없습니다. 국회의원들이 나올 겁니다."

젊은이가 말한다.

"괜찮아요. 이 차는 《도난방지장치》가 있거든요."

유용한 표현

¿Cuánto dinero llevas contigo? 너는 돈을 얼마나 갖고 있니?

Eduardo lleva la chaqueta blanca. 에두아르도는 흰 재킷을 입고 있다.

Javier lleva los zapatos desamarrados. 하비에르는 끈이 풀린 구두를 신고 있다.

3. 바보

Están un rico y un pobre rezando a la Virgen. El pobre le pide un bocadillo y el rico suerte en sus inversiones. Al rato el rico se da la vuelta y le dice al pobre:

- Toma cinco euros y no la distraigas.

*V*ocabulary

rezar 기도하다 ¦ Virgen 성모마리아 ¦ bocadillo 샌드위치 ¦ suerte 행운 ¦ inversión 투자 ¦ darse la vuelta 돌다 ¦ distraer 관심을 딴 데로 돌리다

부자 한 명과 가난한 사람 한 명이 성모마리아에게 기도하고 있다. 가난한 사람은 샌드위치를 달라고 기도하고 부유한 사람은 자신의 투자에 행운을 달라고 부탁한다. 잠시 후에 부유한 사람은 뒤로 돌아 가난한 사람에게 말한다.

"5유로 받게, 그리고 성모마리아를 헷갈리게 하지 말게."

Para entrar en la finca tenemos que distraer al perro con un hueso.
농장에 들어가려면 우리는 뼈로 개의 주의를 딴 데로 돌려야 한다.

No debo distraerme en clase si quiero aprobar.
내가 합격하기 바란다면 나는 수업시간에 한눈을 팔면 안 된다.

Mi amigo se distrae con poca cosa. 내 친구는 별일도 아닌 것에 마음이 산란해진다.

3.바보

El inquilino al propietario de la casa:

- He venido para decirle que tengo el sótano de la casa lleno de agua.

- Por cien euros que paga usted al mes, ¡no querrá que se lo llene de vino!

Vocabulary

inquilino,-na 셋집에 사는 사람 | propietario,-ria 주인, 임자 | sótano 지하(실) | lleno de…
…로 가득 찬 | pagar 지불하다 | al mes 한 달에, 매달 | llenar 가득 채우다 | llenarse 가득해지다 |
vino 포도주 | querer que+동사(접속법) …되기를 원하다

셋집에 사는 사람이 집주인에게 말한다.

"이 집 지하실이 물로 가득 차 있다는 것을 말씀드리려고 왔습니다."

"당신은 한 달에 100유로를 지불하면서 지하실이 포도주로 가득 차기를 바라는 것은 아니겠지요!"

¿Quieres llenar de vino esta botella? 포도주로 이 병을 가득 채워주겠니?

La noticia me llenó de alegría. 그 소식에 나는 매우 행복했다.

El vaso está lleno de agua. 그 컵은 물로 가득 차 있다.

Estoy tan lleno que no puedo comer nada más.
나는 배가 너무 불러서 더 이상 아무 것도 먹을 수 없다.

Un campesino denuncia a un compañero porque hace cuatro años le llamó 《hipopótamo》.

El Juez, extrañado, le pregunta:

- ¿Por qué después de tanto tiempo ha tomado esa decisión?

- Muy sencillo, he venido a la ciudad y he visto por primera vez a un hipopótamo en el zoo.

Vocabulary

campesino,-na 시골사람 | denunciar 고발하다 | compañero,-ra 동료 | hace cuatro años 4년 전에 | hipopótamo 하마 | juez 판사 | extrañado 이상한 | después de··· ···후에 | tomar decisión 결정하다 | sencillo,-lla 단순한 | por primera vez 처음으로 | zoo 동물원 (zoológico)

한 시골농부가 4년 전에 자신을 '하마'라고 불렀다는 이유로 동료를 고발한다.

이상하게 여긴 판사가 그에게 질문한다.

"왜 당신은 그렇게 많은 시간이 지난 후에 그런 결정을 했습니까?"

"매우 간단합니다. 제가 도시에 와서 동물원에서 하마를 처음 보았기 때문입니다."

Tiene tantos libros como tú. 그는 너만큼 많은 책을 갖고 있다.

Tiene tanto dinero como tú. 그는 너만큼 돈이 많다.

No tiene tanto dinero como su hermano. 그는 자기 형만큼 돈이 많지 않다.

Juan trabaja tanto como yo. 후안은 나처럼 열심히 일한다.

3. 바보

유머로 배우는 스페인어

유머로 배우는 스페인어

Chapter **4**

음식

En un restaurante, el cliente, que está un poco borracho, le pide al camarero un segundo plato.

- ¿Y qué le gustaría comer? -pregunta el camarero.

- Pues, para continuar, un filete de elefante.

El camarero, atónito, va a la cocina y al cabo de un rato regresa y le dice al cliente sin inmutarse:

- Perdone, señor, pero dice el cocinero que para un solo plato no mata al elefante.

*V*ocabulary

cliente 손님 | borracho,-cha 술 취한 | pedir a uno … 누구에게 …을 요청하다 | segundo,-da 두 번째 | segundo plato 주 요리, 메인 디쉬 | gustar 좋아하다 | continuar 계속하다 | filete 살코기 | elefante 코끼리 | atónito,-ta 어리둥절한, 얼빠진 | al cabo de un rato 잠시 후에 | inmutarse 안색이 변하다 | cocinero,-ra 요리사 | matar 죽이다

🐘 레스토랑에서 조금 술에 취한 한 고객이 웨이터에게 메인 디쉬를 주문한다.

웨이터가 묻는다. "무엇을 드시겠습니까?"

"그러면, 계속해서 코끼리 살코기"

웨이터는 어리둥절하여 주방에 간다. 잠시 후에 돌아와서 안색도 변하지 않고 손님에게 말한다.

"손님, 양해바랍니다. 요리사가 그러는데 한 접시만을 위하여 코끼리를 잡을 수 없답니다."

Después de beber dos botellas de cerveza, se puso borracho.
그는 맥주 두 병을 마신 후에 취했다.

El accidente se produjo porque uno de los conductores estaba ebrio.
운전자 중의 한 사람이 취해 있었기 때문에 사고가 발생했다.

El hombre se ha emborrachado de(con) vino. 그 남자는 포도주에 취해 버렸다.

4. 음식

En un restaurante.

Una señora, mirando asombrada su plato, grita:

- ¡Camarero! ¡Camarero! ¡Un ratón... en la sopa!

- Pero señora, no se ponga nerviosa. ¿No ve que está muerto?

Vocabulary

asombrado,-da 놀란 | gritar 외치다 | ratón 생쥐(←rata) | sopa 수프 | ponerse+형용사 ···되다
| nervioso,-sa 안절부절 못하는 | muerto 죽은(←morir)

🐚 레스토랑에서.

한 부인이 자기의 음식을 보고 놀라 소리친다.

"웨이터! 웨이터! 생쥐가... 수프에!"

"부인, 걱정하지 마세요. 이미 죽은 것 아닙니까?"

María, no te pongas nerviosa. 마리아, 걱정하지 마.

Al oír la noticia, se puso pálido. 그는 그 소식을 듣자, 얼굴이 창백해졌다.

Me puse furioso cuando él habló de eso.
그가 그것에 대하여 말했을 때 나는 화가 났다.

Un veraneante, mientras pasea por el bosque, ve a un joven que está buscando setas.

- ¡Cuidado con las que coges! ¡Si yo estuviera en tu lugar, no me comería las setas!

- ¡No se preocupe, señor! ¡Yo no me las como, se las vendo a los veraneantes!

*V*ocabulary

veraneante 피서객 | mientras …하는 동안 | pasear por …를 거닐다 | bosque 숲 | seta 버섯 |
cuidado 조심, 주의 | coger 채취하다 | en tu lugar 내가 너라면 | preocuparse 걱정하다 |
vender 팔다

한 피서객이 숲 속을 거닐다가 버섯을 따고 있는 젊은이를 만난다.

"자네가 따고 있는 버섯을 조심하게. 내가 자네라면, 버섯을 먹지는 않을 거야."

"걱정하지 마세요. 저는 이것을 먹지 않고, 피서객들에게 팔 겁니다."

유용한 표현

Si yo estuviera en tu lugar, no me comería comidas basuras.

Yo en tu lugar, no me comería comidas basuras.

Yo que tú, no me comería comidas basuras.

만일 내가 너라면 정크 푸드를 먹지 않을 거야.

4

Viaja un caníbal en un avión, y le dice la azafata:

- Ahora le traigo el menú.

Y dice el caníbal:

- No, prefiero que me traiga la lista de pasajeros.

Vocabulary

caníbal 식인종 | avión 비행기 | azafata 여승무원 | preferir 선호하다 | preferir que+접속법
···를 더 좋아하다 | lista 리스트 | pasajero,-ra 승객

한 식인종이 비행기로 여행하는데, 승무원이 그에게 말한다.

"지금 메뉴를 갖다 드리겠습니다."

이에 식인종이 말한다.

"아닙니다. 나에게는 승객들의 리스트를 갖다 주기를 바랍니다."

유용한 표현

Prefiero que vayamos al cine. 나는 우리가 영화 보러 가는 것이 더 좋아.

Juan prefiere las rosas a los claveles. 후안은 카네이션보다는 장미를 더 좋아한다.

Yo prefiero los alimentos dulces a los salados. 나는 짠 음식보다 단 음식을 더 좋아한다.

4. 음식

Un jorobado entra en una pescadería y pide al pescadero:

- Póngame bonito.

A lo que el pescadero contesta:

- Pero ¿qué se cree usted, que yo hago milagros?

Vocabulary

jorobado,-da 곱사등이, 꼽추 | pescadería 생선가게 | pedir 요구하다 | pescadero 생선장수 | poner …을 주다 | poner a uno … (누구를) …하게 만들다 | bonito,-ta 아름다운 | bonito 가다랑어 | milagro 기적

한 꼽추가 생선가게에 들어가서 생선집주인에게 주문한다.

"가다랑어를 주세요."

이에 생선가게 주인이 대답한다.

"당신은 내가 기적을 일으킨다고 믿으십니까?

> 66 bonito는 '가다랑어(명사)', '잘 생긴, 예쁜'을 의미한다. 손님은 가다랑어를 달라고 했는데, 그 문장은 "나를 미남으로 만들어 주세요"라는 문장으로도 해석될 수 있다. 따라서 꼽추를 미남으로 만들어 달라는 주문에 대한 주인의 답변이다. 99

Póngame bonito. 나를 미남으로 만들어 주세요.

Póngame bonito. 나에게 가다랑어를 주세요.

Póngame un kilo de uvas. 포도 1킬로를 주세요.

Ponte bien, que es día de fiesta. 축제날이니까, 옷을 잘 차려 입어라.

Me pongo el abrigo en invierno. 나는 겨울에 외투를 입는다.

5

La madre entra en la cocina y encuentra a Juan inmóvil y extasiado frente a la nevera abierta.

- ¿Qué haces, Juan?

- Lucho contra las tentaciones, mamá.

𝒱ocabulary

cocina 부엌 | inmóvil 움직이지 않는 | extasiado,-da 넋을 잃은 | nevera 냉장고(frigorífico) | abierto,-ta 열린 | luchar 싸우다 | contra …에 맞서 | luchar contra … …에 맞서 싸우다 | tentación 유혹

🦑 엄마가 부엌에 들어가서, 문이 열려있는 냉장고 앞에서 넋을 잃고 움직이지 않고 있는 후안을 발견한다.

"후안, 뭘 하고 있니?"

"엄마, 전 지금 유혹에 맞서 싸우고 있는 중이에요."

유용한 표현

Ella encuentra a Juan inmóvil. 그녀는 후안이 움직이지 않는 것을 본다.

El entrenador vio a los jugadores cansados. 코치는 선수들이 지친 것을 보았다.

A los compañeros los vimos muy tristes. 우리는 동료들이 매우 슬퍼하는 것을 보았다.

Un cliente le dice a un camarero en un restaurante:

- ¡Camarero, no puedo comer este arroz!

- ¡Se lo cambio en seguida, señor!

Al cabo de un rato:

- ¡Camarero, no puedo comer este arroz!

El camarero, acude en seguida y le cambia el plato por tercera vez.

Al final dice el cliente enfadado:

- Camarero, es inútil que me vaya cambiando el plato de arroz. No me lo podré comer hasta que me traiga una cuchara.

*V*ocabulary

cliente 고객 | arroz 쌀 | en seguida 즉시 | al cabo de un rato 잠시 후에 | acudir 달려가다 | por tercera vez 세 번째 | al final 결국 | enfadado,-da 화가 난 (←enfadar) | inútil 소용없는 | cuchara 숟가락

🐟 음식점에서 한 손님이 웨이터에게 말한다.

"웨이터, 나는 이 쌀요리를 먹을 수가 없습니다."

"손님, 즉시 바꿔드리겠습니다."

잠시 후에

"웨이터, 나는 이 쌀요리를 먹을 수 없습니다."

웨이터는 즉시 달려와서 그 요리를 세 번째 바꿔준다.

결국 화가 난 손님이 말한다.

"웨이터, 나에게 쌀요리를 바꿔줘도 소용없습니다. 당신이 나에게 숟가락을 가져다 줄 때까지 난 그것을 먹을 수 없을 겁니다."

유용한 표현
....

Se lo cambio. 당신께 그것을 바꿔드리겠습니다.

Te compro una bicicleta. 너에게 자전거를 사주겠다.

¿Me compras una flor? 나에게 꽃 한 송이 사줄래?

El General inspeccionaba los comedores de un cuartel. Al ver por allí un joven recluta, le preguntó:

- ¿Qué tal es la comida que os dan?

- Nos peleamos por ella continuamente, mi General - respondió el recluta.

- Eso es estupendo -dijo el General sonriendo.

- No lo crea, señor - contestó el joven-¡El que pierde tiene que comérsela!

Vocabulary

inspeccionar 검열하다 | comedor 식당 | ¿qué tal…? …은 어떻습니까? | comida 식사, 음식 | joven 젊은, 청년 | pelearse 서로 싸우다 | continuamente 계속해서, 이어서 | responder 대답하다 | estupendo,-da 굉장한, 심한 | sonreír 웃다 | creer 믿다 | el que+동사 …하는 사람·것 | perder 잃다, 지다 | comerse 먹어치우다

🪶 장군이 부대의 식당을 검열하고 있었다. 거기서 젊은 신병을 보고 그에게 물었다.

"제군들에게 제공되는 식사가 어떤가?"

"우리는 음식 때문에 계속해서 싸우고 있습니다. 장군님!" 신병이 이렇게 대답했다.

"아주 좋은 일이군." 장군이 웃으면서 말했다.

그러자 젊은 친구가 대답했다.

"장군님, 그게 아닙니다. 싸움에서 지는 사람이 음식을 다 먹어야 하는 것입니다."

유용한 표현

Dime lo que quieres/quieras. 네가 원하는 것을 나에게 말해라.

El que estudia/estudie, aprobará. 공부하는 사람은 합격할 것이다.

El que pierde/pierda tiene que comérsela. 지는 사람이 그것을 먹어야 한다.

Los que practican/practiquen deportes, vivirán más.
운동을 하는 사람들은 오래 살 것이다.

유머로 배우는 스페인어

Chapter **5**

주정뱅이

▶ DE BORRACHINES 주정뱅이

Dos borrachos conversan en el bar.

- Antonio está borracho perdido. ¡Ha vendido la Plaza de España por mil euros!

- No digas tonterías. Eso no puede ser.

- ¡Te lo juro por mi madre! Me la he comprado yo.

𝒱ocabulary

borracho,-cha 술에 취한 I conversar 대화하다 I bar 바 I perder 잃다 I vender… por~ …을 ~에 팔다 I tontería 바보, 어리석음 I jurar 맹세하다 I comprar 사다

두 주정뱅이가 바에서 대화를 나눈다.

"안또니오가 너무 술에 취했어. 스페인광장을 1,000유로에 팔았거든!"

"바보 같은 소리하지 말게, 그럴 리가 없지."

"어머니를 두고 맹세하지. 내가 그것을 샀단 말이야."

Ha vendido la Plaza de España por mil euros. 그는 스페인광장을 1,000유로에 팔았다.

Vendió su casa por cinco millones de euros. 그는 집을 5백만 유로에 팔았다.

Venderé el coche por poco dinero. 나는 헐값에 차를 팔 것이다.

Saca un borracho la llave de su casa del bolsillo, pero no logra meterla en la cerradura. Se acerca un joven y le dice:

- ¿Quiere que le ayude?

- Sí, claro que sí. Mientras intento meter la llave, ¿podría Ud. sujetar la casa?

Vocabulary

sacar 꺼내다 I llave 열쇠 I bolsillo 주머니 I lograr+동사 …해내다 I meter 집어넣다 I cerradura 자물쇠 I acercarse 다가오다 I querer que+접속법 …하기를 원하다 I ayudar 돕다 I mientras …하는 동안 I intentar 시도하다 I podría …할 수 있다(poder)의 가능 I sujetar 붙잡다

꫰ 술 취한 사람이 주머니에서 집 열쇠를 꺼낸다. 그러나 열쇠구멍에 열쇠를 집어넣지 못한다. 한 젊은이가 다가와 말한다.

"도와드릴까요?" (내가 당신을 돕기를 원합니까?)

"네, 그래요, 내가 열쇠를 집어넣을 테니, 그동안 당신은 집을 좀 붙잡아주시겠 어요?"

Por la noche, un policía ve a un borracho que está dando vueltas a una farola. Se acerca y le pregunta:

- ¿Qué hace usted?

- Busco las llaves que se me han caído en la acera de enfrente.

- Y ¿por qué no va a buscarlas allí?

- Porque aquí hay más luz y veo mejor.

*V*ocabulary

policía 경찰 I borracho,-cha 주정뱅이 I vuelta 순회, 회전 I farola 가로등 I buscar 찾다 I caer 떨어뜨리다 I acera 보도, 인도 I enfrente 정면 I de enfrente 정면의 I allí 거기 I aquí 여기

밤에 경찰이 가로등을 빙빙 돌고 있는 주정뱅이를 본다. 다가가서 그에게 묻는다.

"무엇을 하십니까?"

"앞의 보도에 떨어뜨린 열쇠를 찾고 있지요.."

"그럼 왜 거기서 찾지 않습니까?"

"여기가 밝아서 더 잘 보이기 때문이죠."

유용한 표현

Se me han caído las llaves. 제가 열쇠를 떨어뜨렸습니다.

Se me perdió el dinero. 제가 돈을 잃어버렸습니다.

Se nos acabó el dinero. 우리는 돈이 떨어졌다.

Se le salió un gallo. 그는 (노래하다가) 삑사리를 냈다.

Un borracho llega a su casa y quiere abrir la puerta, pero por más que lo intenta, no lo consigue. Se acerca un vecino dispuesto a ayudarle y le dice:

- ¡Pero si eso es un puro, no una llave!

- ¡Vaya! He vuelto a fumarme la llave.

Vocabulary

llegar 도착하다 | por más que+접속법 아무리 …하지만 | conseguir 성취하다 | vecino,-na 이웃
| dispuesto,-ta 준비된 | puro 시가, 여송연 | volver a inf. 다시 …하다 | fumarse 피우다

한 주정뱅이가 집에 도착해서 문을 열려고 한다. 그러나 아무리 시도를 하지만, 문이 열리지 않는다. 한 이웃이 그를 도우려고 다가와서 말한다.

"이것은 열쇠가 아니라 시가(여송연)인데요."

"이런! 또 열쇠를 다 피워버렸군."

유용한 표현

Por más que trabaja, no consigue nada. 아무리 열심히 일해도 아무 것도 성취하지 못한다.

Por más que estudia, no puede sacar buenas notas.
그는 아무리 열심히 공부하지만 좋은 성적을 받지 못한다.

Por muy rica que sea ella, no lo consigue. 그녀가 아무리 부자라도 그것을 성취할 수 없다.

5. 주정뱅이

El guardia se dirige a un borracho que está montando en su automóvil.

- Usted no puede conducir en ese estado.

- ¡Cómo que no puedo conducir? ¡No pretenderá que regrese a casa a pie, borracho como estoy!

Vocabulary

guardia 경관 | dirigirse a⋯ ⋯에게 말하다 | montando 올라타다(montar) | automóvil 자동차 | conducir 운전하다 | estado 상태 | ¿cómo que⋯? ⋯하다니 무슨 말입니까? | pretender 바라다, 노력하다 | pretender que+접속법 ⋯하기 바라다 | regrese 돌아가다(regresar) | a pie 걸어서

경찰이 자동차에 타고 있는 술 취한 사람에게 말한다.

"당신은 그런 상태로는 운전하지 못합니다."

"내가 운전을 할 수 없다니? 내가 이렇게 취했는데, 집에 걸어가도록 하지는 않겠지요."

> ❝ 의문부호와 감탄부호가 함께 쓰인 경우
> ! Cómo que no puedo conducir? 내가 운전할 수 없다니 무슨 말이야?
> ¿Cuándo vamos a llegar, Dios mío! 우리는 언제 도착하지? 맙소사! ~ ❞

유용한 표현

Dirigió a María unas palabras. 그는 마리아에게 몇 마디 했다.

Después de clase me dirigí a casa. 수업이 끝난 후에 나는 집으로 향했다.

El director dirige la orquesta sinfónica. 지휘자는 교향곡의 오케스트라를 지휘하다.

Dirigí una carta al profesor, pidiéndole que me visitara.
나를 방문해달라는 부탁의 편지를 선생님께 보냈다.

Un borracho llama por teléfono:

- ¿Me puede decir dónde está el doctor Ramírez?

- No conozco ningún doctor Ramírez.

- Es que el doctor Ramírez soy yo, pero no sé dónde estoy.

Vocabulary

llamar por teléfono 전화를 걸다 ǀ conozco 나는 안다 (←conocer) ǀ ningún 어느 누구도 …않다 ǀ
dónde 어디

🍶 주정뱅이가 전화를 건다.

"라미레스 박사가 어디 계신지 말씀해주시겠어요?"

"저는 라미레스라고 하는 박사는 아무도 모르는데요."

"라미레스 박사가 바로 나에요. 그런데 내가 어디에 있는지 모르겠단 말이오."

유용한 표현

Yo sabía dónde estaban. 나는 그들이 어디 있는지 알고 있었다.

Yo supe dónde estaban. 나는 그들이 어디 있는지 알아냈다.

Lo conocíamos. 우리는 그를 알고 있었다.

Lo conocimos. 우리는 그를 알게 되었다. (처음 만남)

Dos borrachos discuten:

- Eso es el sol.

- No, es la luna.

Pasa otro borracho y le preguntan si es el sol o la luna.

-Yo no sé, yo no vivo en este barrio.

Vocabulary

discutir 토론하다 I sol 태양 I luna 달 I pasar 지나가다 I preguntar 질문하다 I barrio 지역, 동네

두 주정뱅이가 논쟁을 하고 있다.

"저것은 태양이야."

"아니야. 달이야."

다른 주정뱅이가 지나가는데, 그에게 태양인지 달인지를 묻는다.

"모르겠는데요. 저는 이 동네에 살지 않거든요."

Le pregunté a él si podías venir o no. 나는 그에게 올 수 있는지 없는지를 질문했다.

Pregúntele si quiere comer ahora! 지금 식사하겠냐고 그에게 물어봐주세요!

Yo le pregunté cuántos años tenía. 나는 그에게 몇 살이냐고 물었다.

▶ DE BORRACHINES 주정뱅이

El médico se encuentra en el bar a un antiguo paciente que está bebiendo sin parar.

- Usted me dijo que bebía para olvidar a su novia -le dice el doctor. ¿Es que aún no la ha olvidado?

- Sí que la olvidé. Ahora bebo para celebrarlo.

Vocabulary

médico,-ca 의사 ǀ antiguo,-gua 옛날의 ǀ paciente 환자 ǀ sin …없이 ǀ parar 중지하다 ǀ
olvidar 잊다 ǀ novio,-via 애인 ǀ aún 아직 ǀ para …하기 위하여 ǀ celebrar 축하하다

의사가 바에서 과거의 환자를 만나게 되었다. 그는 쉬지 않고 술을 마시고 있었다. 의사가 그에게 말한다.

"당신은 애인을 잊으려고 술을 마신다고 하셨죠. 아직도 그녀를 잊지 못했단 말이요?"

"네, 이미 잊었죠. 지금은 그것을 축하하려고 술을 마시는 거죠."

En mi pueblo celebran cada año la fiesta de San Isidro.
나의 마을에서는 매년 산 이시드로의 축제를 연다.

El sacerdote celebra misa todos los domingos.
그 사제는 매주 일요일 미사를 거행했다.

La inauguración se celebrará el 25 de septiempbre.
개회식은 9월 25일에 거행될 것이다.

5. 주정뱅이

▶ DE BORRACHINES 주정뱅이

Un borracho le cuenta a su amigo:

- En la pasada guerra y en plena batalla, el capitán dijo:
  ¡Cuerpo a tierra!

Yo fuí el único soldado que permaneció
valientemente de pie.

- ¿Y eso por qué?

- Teniá una botella llena de vino sin
  tapón en el bolsillo.

*V*ocabulary

contar 이야기하다 | pasar 지나다 | guerra 전쟁 | pleno,-na 완전한 | batalla 전투 | capitán
대위 | cuerpo 신체 | tierra 땅 | único,-ca 유일한 | soldado 군인 | permanecer (어떤 상태로)
꼼짝없이 있다 | valientemente 용감하게 | de pie 서서 | botella 병 | sin …없는 | tapón 마개,
뚜껑 | bolsillo 주머니

ᵔᴥ 술취한 사람이 친구에게 말한다.

"지난 번 전쟁의 치열한 전투에서 대위가 '엎드려' 라고 말했어.

그런데 내가 용감하게 서있는 유일한 병사였지."

"왜 그랬는데?"

"주머니에 포도주로 가득 찬 병이 있었는데, 병마개가 없었거든."

유용한 표현

Sin la llave, no podemos entrar. 열쇠 없이 우리는 들어갈 수 없다.

Sin ti no podré vivir jamás. 너 없이는 난 결코 살지 못할 거야.

Nos quedamos sin agua. 우리에게 물이 없다.

Ella salió sin comer. 그녀는 식사하지 않고 외출했다.

5. 주정뱅이

▶ DE BORRACHINES 주정뱅이

Un borracho sube a su coche y empieza a gritar:

- ¡Policía, policía! Me han robado todo: el volante, el tablero de mandos, los pedales, y no puedo conducir.

- Pero, ¿está usted seguro?

- Disculpe, disculpe. Ya lo he encontrado todo. Es que me había sentado en el asiento trasero.

Vocabulary

subir a… …에 오르다 ǀ robar 훔치다 ǀ volante 핸들 ǀ tablero de mando 조종계기판 ǀ pedal 페달 ǀ conducir 운전하다 ǀ seguro,-ra 확실한, 안전한 ǀ disculpar 용서하다 ǀ asiento 좌석 ǀ trasero,-ra 뒤의

🍶 술 취한 사람이 차에 올라타고는 소리치기 시작한다.

"경찰! 경찰! 전부 다 훔쳐갔어요. 핸들, 계기판, 페달 등 모든 것을 훔쳐갔어요. 나는 운전할 수가 없어요."

"그래요? 확실합니까?"

"미안해요. 미안해요. 모두 찾았어요. 내가 뒷좌석에 앉아 있었네요."

유용한 표현
....

Me han robado el coche. 나는 자동차를 도난당했어.

Ayer me operaron. 나는 어제 수술 받았어.

Me cortaron el pelo. 나는 이발했어.

Me han despedido. 나는 해고당했어.

Un mendigo se desmayó en la calle. Pronto unos cuantos curiosos lo rodearon ofreciendo algún consejo.

- Denle al pobrecito un poco de whisky -decía una viejita.

- Déjenle respirar -decía otro señor.

- Denle whisky -repetía la viejita.

- Llévenlo al hospital -opinaban otros.

Siguió adelante la discusión, hasta que la víctima se incorporó diciendo:

- ¡Cállense, por favor, y háganle caso a la viejita!

Vocabulary

mendigo,-ga 거지 | desmayarse 기절하다 | pronto 곧 | curioso,-sa 호기심 많은 | rodear 둘러싸다 | ofrecer 제공하다 | consejo 충고 | pobrecito pobre의 축소형 | whisky 위스키 | viejita vieja의 축소형 | respirar 숨을 쉬다 | repetir 반복하다 | llevar 데려가다 | opinar 의견을 말 하다 | seguir 계속하다 | adelante 앞으로 | discusión 토론 | víctima 희생자 | incorporarse 상체를 일으키다, 일어나다 | callarse 잠자코 있다 | hacer caso a …에 신경을 쓰다

한 거지가 거리에서 졸도한다. 곧 호기심을 갖은 몇 사람이 그를 둘러싸고 한마디씩 조언을 한다.

한 할머니가 말한다.

"불쌍한 그 사람에게 위스키 좀 줘요."

다른 신사가 말한다.

"그가 숨을 쉬도록 해줘요."

착해 보이는 그 할머니가 반복해 말한다.

"위스키를 주세요."

다른 사람들이 말한다.

"그를 병원으로 옮겨요."

이런 말이 계속 오가고 그 거지는 몸을 일으켜 말한다.

"제발 조용히 하고, 할머니 말씀을 들으세요."

유용한 표현

¿Me dejas (entarar)? 들어가도 될까?

Déjame estar solo. 나를 혼자 있게 해줘.

Déjeme que se lo explique. 내가 그것을 설명하도록 해주세요.

El café no me deja dormir. (=me quita el sueño) 커피 때문에 나는 잠을 잘 수 없다.

5. 주정뱅이

유머로 배우는 스페인어

유머로 배우는 스페인어

Chapter **6**

친구

Un joven fortacho, comenta con otro:

- Yo siempre prefiero dar que recibir.

- Claro que sí, pero dime, ¿a qué
  te dedicas?

- ¡Soy boxeador!

𝒱ocabulary

fortacho,-cha 우람한, 늠름한 ǀ preferir 선호하다 ǀ claro que sí 물론이다 ǀ dedicarse a⋯ ⋯에
종사하다 ǀ boxeador 권투선수

🐦 늠름한 젊은이가 다른 사람에게 말한다.

"난 항상 받는 것보다 주는 것이 더 좋아."

"물론이지. 그런데, 넌 직업이 뭐지? 말해봐."

"난 권투선수야."

¿A qué se dedica usted? 무슨 일에 종사하십니까?

Felipe se dedica a la pintura. 펠리뻬는 그림에 종사하고 있다.

Ahora sólo me dedico a escribir. 나는 지금 책 쓰는데 전념하고 있다.

Es tiempo de dedicarse a estudiar para los exámenes.
시험을 보기 위해 공부에 전념해야 할 시기이다.

Están dos mexicanos tumbados en el campo y dice uno:

- Oye, ¿tengo la cremallera bajada?

- No, manito.

- ¡Vaya! pues yo haré pis otro día.

Vocabulary

mexicano,-na 멕시코 사람 | tumbado,-da 누운, 쓰러진 | campo 들판 | cremallera 지퍼 |
bajar 내려오다 | manito (남자들 사이에) 여보게, 임자 | hacer pis 소변을 보다 | otro día 다른 날

🐋 두 멕시코 사람이 들판에 누워있다. 한 사람이 말한다.

"이보게, 내 바지 지퍼가 내려와 있나?"

"아니네, 임자."

"이런! 그럼 오줌은 다음에 눠야지."

유용한 표현

Oye, tienes la cremallera bajada. 이보게, 자네 바지의 지퍼가 내려왔네.

Él médico se abre la cremallera. 그 의사는 바지 지퍼를 내린다.

¿Alguna vez has salido del baño con la cremallera bajada?
너는 지퍼를 올리지 않고 화장실에서 나온 적이 있니?

Un amigo le comenta a otro:

- Yo para casarme necesito encontrar una mujer buena, guapa, rica y tonta.

- ¿Y por qué tonta?

- Porque, si no es buena, guapa y rica, yo no me caso con ella: y si no es tonta, ella no se casará conmigo.

𝒱ocabulary

casarse 결혼하다 | necesitar 필요로 하다 | encontrar 찾다, 만나다 | guapo,-pa 예쁜 |
tonto,-ta 어리석은 | conmigo 나와 함께

🐍 한 친구가 다른 사람에게 말한다.

"내가 결혼하기 위해서는 착하고 아름답고 부유하고 멍청한 여성을 만나야 하네."

"그런데 왜 멍청해야 해?"

"왜냐하면, 착하고 아름답고 부유하지 않으면 나는 그녀와 결혼하지 않아. 그러나 멍청이가 아니라면 나와 결혼하지 않을 테니까."

유용한 표현

Yo voy a casar a mi hija el año que viene. 나는 내년에 딸을 결혼시킬 것이네.

Mi hija va a casarse el año que viene. 나의 딸은 내년에 결혼할 거야.

Ella se casará con Juan. 그녀는 후안과 결혼할 거야.

6. 친구

Unos amigos quieren hacerle un regalo a Luis y le preguntan qué es lo que le gustaría:

- Una pipa, y en la parte de delante esculpida la cara de mi jefe.

- Pero, ¿tanto le quieres?

- ¡No, es para ver si dejo de fumar!

Vocabulary

hacer regalo 선물하다(regalar) | gustar 좋아하다 | pipa 파이프 | delante 앞에 | esculpir 조각하다 | director 사장, 상관 | dejar de+동사 …을 그만두다

몇몇 친구가 루이스에게 선물하려고 하면서 그에게 좋아하는 것이 무엇인지 물어본다.

"파이프, 그런데 앞부분에는 사장의 얼굴이 새겨져 있는 것이네."

"그렇게 그를 좋아하니?"

"아니야, 내가 담배를 끊을 수 있을지 보기 위해서야."

유용한 표현

Voy a dejar de fumar. 나는 담배를 끊겠어.

No pude dejar de fumar. 나는 담배를 끊지 못했다.

Ya ha dejado de llover. 비가 이제 그쳤다.

Dejé de trabajar en ese restaurante. 나는 그 음식점에서 일하는 것을 그만뒀다.

- Hace diez años que mi amigo no se corta el pelo.

- ¿Es un 《artista》?

- No, es calvo.

Vocabulary

hace 시간 que… …한지 …되다 | cortarse el pelo 이발하다 | artista 예술가 | calvo 대머리

"나의 친구는 이발을 안 한지 10년이 되었어."

"친구가 예술가야?"

"아니, 대머리야."

Hace 2 años que estudio español. 내가 스페인어를 공부한지 2년이 되었나.

Hace una semana que estamos aquí. 우리가 여기 온지 일주일이 되었다.

Hace diez años que no te veo. 너를 보지 못한지 10년이나 되었구나.

Llevo 10 años estudiando español. 나는 스페인어를 공부한지 10년이 되었다.

¿Cuánto tiempo llevas aquí en Corea? 한국에 온지 얼마나 되었니?

Llevo 5 años en Corea. 내가 한국에 온지 5년 되었다.

Antonio encuentra a su amigo con un tarro de mermelada y pregunta:

- ¿De quién es esa mermelada?

- La mitad de mi hermano, la otra mitad mía.

- ¿Me das un poco de la tuya?

- No puedo, la mía es la que está en el fondo del tarro.

*V*ocabulary

encontrar 만나다 ǀ tarro 병, 통 ǀ mermelada 잼 ǀ ¿de quién es...? ...는 누구 것이지? ǀ
mitad 절반 ǀ hermano 형제 ǀ fondo 바닥

✍ 안토니오가 잼이 든 병을 들고 있는 친구를 보고 그에게 묻는다.

"그 잼은 누구 거니?"

"반은 형 것이고, 반은 내 거야."

"네 것에서 나에게 조금만 줄래?"

"그건 어렵겠는데. 내 것은 병 아래쪽에 있는 거야."

유용한 표현

Antonio encuentra a su amigo con un tarro de mermelada.
안토니오는 친구가 잼이 든 병을 들고 있는 것을 보았다.

Pintaron al actor con bigote. 그들은 그 배우를 수염이 있는 상태로 그렸다.

Mi padre encontró a sus nietos muy crecidos.
나의 아버지는 손자들이 많이 성장했다는 것을 아셨다.

Vieron al jugador cansado. 그들은 그 선수가 지친 것을 보았다.

6. 친구

Se encuentran dos madrileños y le dice uno al otro:

- Juan, es cierto que 《a quien madruga Dios le ayuda》, porque esta mañana me he encontrado 500 euros en el metro.

Juan contesta:

- Sí, pero madrugó más el que los perdió.

Vocabulary

madrileño,-ña 마드리드 사람 | cierto,-ta 확실한 | madrugar 일찍 일어나다 | esta mañana 오늘 아침 | metro 지하철 | perder 잃어버리다

두 마드리드 사람이 만나 그 중 한 사람이 말한다.

"후안, 《신은 부지런한 사람을 돕는다》라는 말이 확실해. 왜냐하면, 오늘 아침 지하철에서 500 유로를 주웠어."

후안이 대답한다.

"그래, 그런데 그것을 잃어버린 사람은 더 일찍 일어났군."

유용한 표현

El que persigue consigue. 추구하는 자가 성취한다.

El que espera, desespera. 기대하는 자는 실망한다.

Acaso fuera tu padre el que me lo contó.
나에게 그것을 말해준 사람은 아마 너의 아버지일 거야.

El que habla mucho sabe poco. (=Quien habla mucho sabe poco.)
말이 많은 사람은 아는 게 별로 없다.

▶ ENTRE AMIGOS 친구

Dos hombres en un bar hablan de sus hijos.

- Mi hijo sólo tiene cinco años, pero ya sabe leer y sumar.

- El mío tiene tres meses y ya comprende que mis negocios van mal.

- ¿Cómo sabes que lo comprende?

- Es muy simple. ¡Cada vez que entro en casa se pone a llorar!

Vocabulary

hablar de ···에 대하여 말하다 | sumar 셈하다 | comprender 이해하다 | negocio 사업 | ir mal 잘못 되어가다 | simple 간단한 | cada vez que ···할 때마다 | ponerse a+동사 ···하기 시작하다

두 남자가 바에서 자신의 자식들에 대하여 말한다.

"내 아들은 다섯 살밖에 안 되었는데, 읽을 줄 알고 셈할 줄도 안다네."

"내 아들은 세달 밖에 안 되었는데, 나의 사업이 잘 되지 않는 것을 안다네."

"그것을 아는지 자네가 어떻게 아나?"

"매우 간단하지. 내가 집에 들어갈 때마다 울기 시작하거든."

유용한 표현

Luisita se puso a llorar. 루이시따는 울기 시작했다.

Cuando Juan me vio, se puso a abrazarme. 후안은 나를 보자, 껴안기 시작했다.

Me pongo a escribir en este momento. 나는 지금 편지를 쓰기 시작한다.

Una vecina dice a otra:

- Mi marido, para ganar más dinero, por la noche se trae trabajo a casa, ¿Y el tuyo?

- No se lo permiten. Es el que limpia los rieles del tren.

한 이웃집 여자가 옆 집 여자에게 말한다.

"제 남편은 돈을 더 많이 벌기 위하여 밤에 일거리를 집으로 가져오죠. 당신 남편은요?"

"제 남편에게는 그것이 허용되지 않아요. 기차 레일을 청소하는 사람이거든요."

유용한 표현

Yo no permito tonterías. 나는 바보 같은 짓은 용납하지 않는다.

Yo no le permití ir al cine. 나는 그에게 극장에 가는 것을 허락하지 않았다.

El médico no me permite fumar. 의사는 나에게 흡연을 금지한다.

Permítame que le explique lo que sucedió. 무슨 일이 있었는지 제가 말씀드리겠습니다.

유머로 배우는 스페인어

유머로 배우는 스페인어

Chapter **7**

경찰과 도둑

- Oiga, señor, ¿ha visto por aquí algún policía?

- No, por aquí no hay ninguno.

- Entonces, ¡entrégueme todo lo que lleve encima!

Vocabulary

algún 어떤 | ninguno 어느 누구도 … 아니다 | entregar 양도하다 | llevar encima 갖고 있다

"이봐요, 선생. 이 근처에서 경찰을 보셨나요?"

"아니오, 이 근처에 경찰은 전혀 없는데요."

"그렇다면, 갖고 있는 것을 모두 내놓으시오."

유용한 표현

Esto es todo lo que tengo. 이것이 내가 가진 모든 것이다.

Todo lo que escribes es mentira. 네가 편지에 쓰는 모든 것은 거짓말이다.

Hago todo lo que puedo. 나는 내가 할 수 있는 모든 것을 한다.

El ladrón a su cómplice:

- Adivina cuánto hemos sacado con este trabajito.

- Estoy cansado. Mañana nos enteraremos por los periódicos.

*V*ocabulary

ladrón,-na 도둑 | cómplice 공범 | adivinar 알아맞히다 | sacar 획득하다 | trabajito 작업, 일 |
cansado,-da 피곤한 | enterarse 알다 | periódico 신문

도둑이 공범에게 말한다.

"이번 일에서 얼마나 벌었는지 알아 맞춰봐."

"난 피곤해. 내일 신문을 통해 알게 될 거야."

유용한 표현

Ella adivinó el resultado del partido. 그녀는 경기의 결과를 알아맞혔다.

¿Puedes adivinar quién lo hizo? 누가 그것을 했는지 알아맞힐 수 있어?

Adiviné el acertijo que me puso mi amigo. 나는 내 친구가 내준 수수께끼를 풀었다.

Hay quien piensa que se puede adivinar el futuro.
미래를 알아맞힐 수 있다고 생각하는 사람이 있다.

7. 경찰과 도둑

El juez lee la sentencia: 《El acusado es condenado a pagar cinco mil euros de multa por insultar a la autoridad.》 ¿Tiene usted algo que alegar?

- Desde luego, pero en vista de la tarifa, prefiero callarme.

Vocabulary

leer 읽다 | sentencia 판결문 | acusado,-da 피고 | condenar 처하다, 판결하다 | pagar 지불하다 | euro 유로(유럽연합의 단일화폐) | multa 벌금 | insultar 모욕하다 | autoridad 당국 | alegar 진술하다 | desde luego 물론 | en vista de …을 보아, 고려하여 | tarifa 요금(표)

☙ 재판관이 선언문을 읽는다. 〈피고는 당국을 모욕한 죄로 벌금 5,000 유로에 처한다.〉 진술할 것이 있습니까?"

"물론이죠. 그러나 요금을 보니 조용히 있는 편이 더 좋겠어요."

유용한 표현

Leeré algo. 무엇이라도 읽어보겠다.

Tengo algo que hacer. 나는 할 일이 조금 있다.

Aquí hay algo que no comprendo. 여기 내가 이해하지 못하는 것이 있다.

Falta algo para llegar a la ciudad. 도시에 도착하려면 아직 시간이 좀 있다.

Más vale algo que nada. 약간이라도 있는 것이 없는 것보다는 낫다.

7. 경찰과 도둑

El juez se dirige al ladrón:

- Otra vez lo ha robado en un banco de noche, ¿verdad?

- Cierto, señor Juez. Es que soy muy tímido y de día me da vergüenza.

𝒱ocabulary

otra vez 다시 I **de noche** 밤에 I **de día** 낮에 I **cierto,-ta** 확실한 I **tímido,-da** 소심한 I
vergüenza 수치 I **me da vergüenza** 내가 부끄럽다

138 · 139

✑ 재판관이 도둑에게 말한다.

"당신은 또 다시 밤에 은행에서 그것을 훔쳤습니다. 그렇죠?"

"네, 재판관님, 저는 매우 소심하기에 낮에는 부끄럽기 때문이죠."

유용한 표현

Me da asco. 나는 토할 거 같아.

Me da igual. 나는 상관없어요. (괜찮아요.)

Me dan miedo los perros. 나는 개가 무섭다.

Me da la gana de ir. 나는 가고 싶다.

No me da la gana de trabajar. 나는 일하고 싶지 않다.

Me da vergüenza ser cobarde. 나는 비겁자가 되는 것이 수치스럽다.

Le pregunta un nuevo recluso, en la cárcel, a su compañero de celda:

- Y tú ¿por qué estás aquí?

- Porque no me dejan salir.

𝒱ocabulary

recluso,-sa 죄수 | cárcel 감옥 | compañero,-ra 동료 | celda 감방 | dejar+동사 …하게 하다 | salir 나가다

새로 들어온 죄수가 감옥에서 감방의 동료에게 묻는다.

"그런데 너는 왜 여기 있니?"

"나를 내보내주지 않아서."

Acaba de salir. 그는 방금 나갔습니다.

El tren salió anoche, a las ocho. 기차는 어젯밤 8시에 출발했다.

¿Cuándo salió su última novela? 당신의 최근 소설은 언제 출간됐습니까?

¿Cómo saliste en el examen? -Salí muy bien. 너는 시험이 어땠니? – 아주 잘 봤어.

Alfonso sale ahora con Anita. 알폰소는 요즘 아니따와 사귄다.

7. 경찰과 도둑

Un ladrón detiene a un traseúnte y, sacando una pistola, amenaza:

- ¡Deme cien euros o le pego un tiro!

- Bueno, pero tendrá que conseguir cambio, porque sólo llevo un billete de quinientos.

Vocabulary

detener 잡다 I transeúnte 행인 I sacar 꺼내다 I pistola 권총 I amenazar 협박하다 I pegar un tiro 쏘다 I conseguir 성취하다 I cambio 거스름돈 I billete 지폐

한 도둑이 행인을 잡고는 권총을 꺼내어 협박한다.

"100 유로를 내놔. 그렇지 않으면 쏘겠다."

"좋아요. 그런데 저는 500 유로짜리 지폐만 갖고 있는데, 잔돈은 갖고 있겠죠."

¡Saque la lengua! 혀를 내밀어보세요!

El dentista me sacó una muela. 치과의사는 나에게서 이빨 하나를 뽑았다.

Pedro sacó muy buenas notas. 뻬드로는 매우 좋은 성적을 받았다.

La hemos sacado a tomar una copa. 우리는 술 한잔 하려고 그녀를 불러냈다.

El estudiante saca buenas fotografías. 학생은 사진을 잘 찍는다.

7. 경찰과 도둑

유머로 배우는 스페인어

유머로 배우는 스페인어

Chapter **8**

아이들

Estaba un muchacho paseando a su perro por la calle,
cuando un señor le preguntó:

- ¿Qué clase de perro es?

- Es un perro policía.

- Pues no lo parece.

- Es que es de la policía secreta -contestó el muchacho.

Vocabulary

muchacho,-cha 소년 ǀ perro 개 ǀ clase 종류 ǀ policía 경찰 ǀ parecer 보이다 ǀ secreto,-ta
비밀의 ǀ contestar 대답하다

한 소년이 개를 데리고 거리를 산보하고 있었다. 그때 한 신사가 그에게 물었다.

"이 개는 어떤 종류지?"

"경찰견이에요."

"그렇게 보이지는 않는데."

그 소년이 대답했다. "비밀경찰에 소속되어 있거든요."

유용한 표현

Parece que va a llover. 비가 올 것 같다.

Me parece mal que no vengas. 네가 오지 않겠다니 그건 좋지 않은 것 같다.

Este niño parece tímido porque no habla con nadie.
이 소년이 아무와도 얘기하지 않는 것을 보니 내성적인 것 같다.

Ella se parece a su mamá. Me parezco a mi papá.
그녀는 어머니를 닮았다. 나는 아버지를 닮았다.

Un gemelo se parece al otro. 쌍둥이 한 명은 다른 한 명과 닮았다.

8. 아이들

Pregunta Jorge a su padre:

- Papá, ¿el water da vueltas?

Contesta el padre sorprendido:

- No, hijo.

- Pues creo que me he hecho 《pis》 en la lavadora.

Vocabulary

water 변기 | **dar vueltas** 빙글빙글 돌다 | **sorprender** 놀라게 하다 | **hacerse pis** 소변보다 | lavadora 세탁기

🐚 호르헤가 아버지에게 묻는다.

"아빠, 변기가 빙빙 돌아가나요?"

"아버지가 놀라서 대답한다.

"아니란다. 얘야."

"그럼 제가 세탁기에 소변을 본 것 같아요."

Me estoy haciendo pis. 나는 소변보고 있어요.

Tengo deseo de orinar. (=Quiero hacerme pis.) 나는 소변이 마려워요.

En el colegio pedimos permiso cuando queremos orinar.
학교에서 우리가 소변을 보고 싶으면 허락을 받는다.

Luis sufre un fuerte dolor en el riñon y orina sangre.
루이스는 신장이 매우 아프고 소변으로 피가 나온다.

- Mamaíta, ¿por qué papá está calvo?

- Porque es inteligente y tiene muchas cosas en que pensar.

- Pues entonces ¿tú por qué tiene tanto pelo?

Vocabulary

mamaíta mamá의 축소형 | **calvo** 대머리의 | **inteligente** 현명한 | **pensar** 생각하다 |
pelo 머리카락

"엄마, 아빠는 왜 대머리에요?"

"왜냐하면 아빠는 매우 현명하시고, 생각하실 게 많기 때문이지."

"그럼 엄마는 왜 머리카락이 그렇게 많아요?"

Él se quedó calvo. 그는 대머리가 되었다.

A los treinta años, el señor López ya estaba calvo.
로뻬스 씨는 30세에 이미 대머리가 되어 있었다.

El señor López se cubre la calva con una boina.
로뻬스 씨는 베레모로 대머리를 가린다.

Uso el sombrero para que no se me vea la calva.
나는 대머리가 보이지 않게 하려고 모자를 사용한다.

En la estación, al ver pasar un tren, Pedrito pregunta a Juanito:

- Si aquel tren fuera de chocolate, ¿por dónde empezarías a comértelo?

- Por las ruedas -contesta enseguida su amigo. Así no se escaparía.

𝒱ocabulary

estación 역 | ser de ···로 만들다 | chocolate 초콜릿 | empezar a+동사 ···하기 시작하다 |
rueda 바퀴 | enseguida 즉시 | escaparse 도망치다

기차역에서 기차가 지나가는 것을 보고, 뻬드리또가 후아니또에게 묻는다.

"저 기차가 초콜릿으로 만들어진 거라면, 너는 어느 부분부터 먹겠니?"

그의 친구가 바로 대답한다. "바퀴부터 먹을 거야. 그래야 도망가지 못하지."

유용한 표현

지각 동사(oír, ver)의 용법

- ·Oí cantar a María. 나는 마리아가 노래하는 것을 들었다.
- ·Oí a María cantar.
- ·Oí a María cantando.
- ·Oí a María que cantaba.

Vi a un hombre pasar por aquí. 나는 한 남자가 이리로 지나가는 것을 보았다.

Quiero ver salir el sol. 나는 해가 뜨는 것을 보고 싶다.

-Señora, ¿quiere decirle a su hijo que deje de imitarme?

La señora se dirige a su hijo:

-Jorge, te lo tengo dicho: ¡deja de hacer el tonto!

Vocabulary

dejar de+동사 …하는 것을 중지하다 | imitar 흉내 내다 | dirigirse a (누구를 향하여) 말하다 |
tener+과거분사 …해두다 | tonto,-ta 멍청한

～ "부인, 아드님에게 저를 흉내내지 말라고 말씀해 주시겠습니까?"

부인은 아들을 향해 말한다.

"호르헤, 너에게 말했지. 바보 같은 짓 그만둬!"

Tengo escritas dos cartas. 나는 편지 두 통을 써 두었다.

He escrito dos cartas. 나는 편지 두 통을 썼다.

Acabo de escribir dos cartas. 나는 방금 편지 두 통을 썼다.

Pedro ha dicho una mentira.

Su mamá le reprende con energía:

- ¡A tu edad yo no decía mentiras!

-¿Y a qué edad empezaste, mamá?

Vocabulary

mentira 거짓말 | reprender 꾸짖다 | energía 에너지, 힘 | a tu edad 네 나이에 | decir
mentiras 거짓말을 하다 | ¿a qué edad? 몇 살에?

🎵 뻬드로가 거짓말을 했다.

어머니가 그를 심하게 꾸짖는다.

"나는 네 나이 때 거짓말을 하지 않았어."

"엄마, 그럼 몇 살 때 (거짓말을) 시작하셨어요?"

Juan tiene doce años de edad. 후안은 12살이다.

Cesaron a mi padre por edad. 그들은 나이 때문에 내 아버지를 해직하였다.

A los 15 años leyó Tolstoi. 그는 15세 때 톨스토이 작품을 읽었다.

Cuando cumpla 18 años, seré mayor de edad. 18세가 되면 나는 성년이 될 것이다.

En muchos locales está prohibida la entrada a los menores de edad.
많은 업소에서 미성년자들에게는 입장이 금지되어 있다.

8. 아이들

La madre le dice a su hijo:

- Luis, lávate bien la cara porque tiene que venir tu tía Matilde.

- Está bien, mamá: pero ¿y si me lavo y después no viene?

어머니가 아들에게 말한다.

"루이스, 마띨데 이모가 오셔야 하니까 얼굴을 잘 씻어."

"엄마, 좋아요. 그러나 다 씻고 나면 이모가 안 오시나요?"

유용한 표현

Me lavo. 나는 씻는다.

Me lavo las manos. 나는 손을 씻는다.

Después de cenar, lavé los platos. 저녁식사를 한 후에 나는 접시를 닦았다.

Lavo el auto todos los domingos. 나는 매주 일요일 차를 닦는다.

Este vestido lo he lavado mucho y ha perdido el color.
내가 이 옷을 많이 세탁해서 색깔이 바랬다.

Después de una tempestad de nieve que obligó a cerrar todos los colegios, el profesor preguntó a un alumno si había aprovechado bien aquellas vacaciones.

- Sí, profesor. Todos los días rezaba para que nevara más.

𝒱ocabulary

tempestad 태풍 ǀ nieve 눈 ǀ obligar a+동사 강제로 …하다 ǀ cerrar 닫다 ǀ colegio 학교 ǀ
aprovechar 이용하다 ǀ vacaciones 방학 ǀ rezar 기도하다 ǀ nevar 눈이 오다

모든 학교를 문 닫게 했던 폭설이 지나간 후에, 선생님이 한 학생에게 방학을 잘 보냈냐고 물었다.

"네, 선생님. 눈이 더 많이 오라고 매일 기도했어요."

He trabajado mucho para que hagas un viaje por Europa.
네가 유럽여행을 하도록 난 열심히 일했다.

Abro la ventana para que entre el aire fresco. 신선한 공기가 들어오도록 나는 창문을 연다.

Lo compro para que te lo pongas. 나는 네가 그것을 입도록 하기 위하여 그것을 산다.

Dale dinero, para que compre el periódico al pasar por el quiosco.
신문판매대를 지날 때 신문을 사도록 그에게 돈을 줘라.

Recemos porque llueva. 비가 오도록 기도합시다.

Un guardia, le dice a un niño que está pescando:

- Escucha, muchacho, aquí está prohibido pescar, que te voy a poner una multa.

- Pero, señor, yo no estoy pescando -responde el chico.

- Y la caña y el gusano, ¿qué son?

- ¡Ah, sí!, es verdad, pero yo estoy enseñando a nadar al gusano.

- ¡Ah, está bien!, pero la multa te voy a poner igual.

- ¿Por qué?

- Porque tu gusano se baña desnudo.

ocabulary

guardia 경찰 | pescar 낚시하다 | prohibir 금지하다 | poner una multa 벌금을 부과하다 | caña 낚싯대 | gusano 구더기 | enseñar 가르치다 | desnudo,-da 벌거벗은

경찰이 낚시하고 있는 소년에게 말한다.

"얘야, 여기는 낚시가 금지되어 있다. 너에게 벌금을 부과하겠다."

"그러나 저는 낚시하고 있지 않습니다." 소년이 대답했다.

"그럼, 낚싯대와 구더기, 이것들이 무엇이지?"

"아! 그래요. 맞아요. 그러나 저는 구더기에게 수영하는 법을 가르치고 있어요."

"그래! 좋아! 그러나 나는 너에게 벌금을 똑같이 부과하겠어."

"왜요?"

"왜냐하면 너의 구더기가 벌거벗고 수영을 하고 있거든."

유용한 표현

El carpintero me ha enseñado a construir muebles.
목수는 나에게 가구 만드는 법을 가르쳐주었다.

Le enseñaremos a jugar a las cartas.   우리는 그에게 카드놀이 하는 법을 가르쳐 줄 것이다.

Deseo que usted le enseñe (a él) a respetar a los mayores.
나는 당신이 그에게 나이 많은 사람들을 존중하는 법을 가르치기 바란다.

La escuela me enseñó a ser una persona responsable.
학교는 내가 책임감 있는 사람이 되도록 가르쳐주었다.

El padre dice a sus hijos:

- Si me prometéis no fumar hasta cumplir los veintiún años, os daré mil euros.

La hija mayor, que tiene diecisiete años, recibe la noticia con entusiasmo:

- ¡Mil euros! Te lo prometo, papá.

El segundo, que ha cumplido quince años, dice:

- Tendré que pensarlo: me falta mucho para llegar a los veintiuno.

El padre se dirige al menor, de diez, que escucha preocupado.

- Y tú, Daniel, ¿qué dices?

- ¡Lástima, papá...! ¿Por qué no me los ofreciste antes?

아버지가 자식들에게 말한다.

"너희들이 21살이 될 때까지 담배를 피우지 않는다고 약속한다면, 1,000 유로를 주겠다."

17살 된 큰딸이 흥분하며 그 말을 듣는다.

"1,000 유로! 아빠, 약속하겠어요."

15살 된 둘째 아들이 말한다.

"생각 좀 해봐야겠어요. 21살이 될 때까지는 아직 시간이 많아 있네요."

아버지는 10살짜리 막내아들을 향해 말한다. 그 아이는 걱정스러운 듯이 그 말을 듣고 있다.

"그럼 다니엘, 넌 어떻게 하겠니?"

"유감이에요. 아빠, 왜 미리 저에게 제안하지 않으셨어요?"

유용한 표현

Faltan diez minutos para las seis. 6시 10분 전이다.

Faltan tres días para la fiesta. 축제일까지 3일이 남았다.

Faltan tres semanas para que lleguen las vacaciones. 방학이 되려면 아직 3주가 남았다.

Faltan cien kilómetros para llegar a Madrid. 마드리드까지는 아직 100킬로 남았다.

Un señor, acompañado por un muchachito, entró en una peluquería, donde se hizo cortar el pelo. Al terminar le dijo al barbero:

- Voy al bar mientras arregla usted al muchacho.

El peluquero peló al niño y esperó a que volviera su padre. Pasado un rato, preguntó:

- ¡Muchacho! ¿Cuándo volverá tu padre?

- No era mi padre -contestó el chico-, era un señor que encontré en la calle y me preguntó si quería cortarme el pelo gratis.

Vocabulary

acompañado por …와 동반한 | muchachito muchacho(소년)의 축소형 | peluquería 이발소 | cortar 자르다 | pelo 머리카락 | terminar 마치다 | barbero 이발사 | arreglar 단장하다 | peluquero 이발사 | pelar 머리를 자르다 | esperar 기다리다 | rato 잠시 | gratis 공짜로

한 남자가 어린아이를 데리고 이발소에 들어갔다. 거기서 그 남자는 이발을 했다. 이발이 끝나자 이발사에게 말했다.

"이 아이 머리를 깎는 동안 저는 바에 가겠어요."

이발사는 아이의 머리를 깎고 그의 아버지가 돌아오기를 기다렸다. 잠시 후에, 묻는다.

"얘야, 아버지는 언제 오시지?"

소년이 대답한다.

"저의 아버지가 아니고 길에서 만난 아저씨예요. 그 아저씨가 저에게 공짜로 이발하겠냐고 물어보던데요."

유용한 표현

Los ladrones pelaron a Juan. 후안은 도둑들에게 돈을 몽땅 털렸다.

Pélame la naranja. 오렌지 껍질을 벗겨줘.

Antes de cocinar la gallina tienes que pelarla. 닭을 요리하기 전에 껍질을 벗겨야 한다.

유머로 배우는 스페인어

유머로 배우는 스페인어

Chapter **9**

병원

En la consulta del doctor, éste le dice al paciente:

- Si quiere llegar a viejo, debe beber más agua que vino.

- Doctor, si hago eso me muero. Yo bebo más de cinco litros de vino diarios.

𝒱ocabulary

consulta 진료실 | doctor,-ra 의사 | paciente 환자 | deber ⋯해야 한다 | morirse 죽다 |
más de⋯ ⋯이상 | litro 리터 | diario 매일의

의사의 진찰 중에 의사가 환자에게 말한다.

"당신이 오래 살고 싶으면, 술보다는 물을 더 많이 마셔야 합니다."

"선생님, 만약 그렇게 한다면, 저는 죽게 될 거에요. 저는 매일 5리터 이상의 포도주를 마시거든요."

Juan dedicaba a sus estudios tres horas diarias. 후안은 매일 3시간씩 공부했다.

Manuel tiene cinco horas diarias de clase. 마누엘은 매일 5시간의 수업이 있다.

Si haces 'jogging' dos kilómetros diarios, puedes adelgazar.
매일 2킬로씩 조깅을 하면 너는 날씬해질 수 있다.

Pedro se fuma un paquete de cigarrillos diariamente.
뻬드로는 매일 담배를 한 갑씩 피운다.

9. 병원

Un joven, antes de una operación de apendicitis, le dice al doctor:

- ¿Podré tocar la guitarra después de la operación?

- Sí, hombre, yo creo que sí.

- ¡Qué bien! -dice el paciente muy
  ilusionado-, es que nunca
  he sabido tocarla.

Vocabulary

antes de …전에 | operación 수술 | apendicitis 맹장염 | tocar la guitarra 기타를 치다 |
después de …후에 | ilusionado,-da 희망에 찬

한 젊은이가 맹장수술에 앞서 의사에게 말한다.

"수술 후에 기타를 칠 수 있나요?"

"그럼요, 그러리라 믿어요."

희망에 부푼 환자가 말한다.

"잘 됐군요. 사실 저는 전혀 기타를 칠 줄 모르거든요."

유용한 표현

Operaron a Juan de las amígdalas. 후안은 편도선 수술을 받았다.

Me han operado de apendicitis. 나는 맹장 수술을 받았다.

El cirujano operó al niño. 외과의사는 그 아이를 수술했다.

Empieza a operar(tener efecto) la medicina. 약이 효과를 나타내기 시작했다.

Por la calle.

- ¿Cómo es que vas con la cama a cuestas?

- Orden del médico.

- ¿Te ha dicho el médico que andes con tu cama?

- Sí, el médico me ha recomendado que no deje la cama
  hasta la semana que viene.

Vocabulary

a cuestas 등에 지고 ❘ orden 지시 ❘ médico 의사 ❘ recomendar 권하다 ❘ la semana que
viene 다음 주

🐌 거리에서.

"도대체 너는 왜 침대를 등에 지고 가는 거니?"

"의사의 지시야."

"의사가 너보고 침대를 갖고 걸어 다니라고 했어?"

"그래, 의사는 다음 주까지 침대를 떠나지 말라고 했어."

¿Cómo? (¿Qué dice?) 뭐라고요?

¿Cómo está el enfermo? 환자는 어떻습니까?

No sabe cómo hacerlo. 그는 어찌 할 바를 모른다.

¿Cómo es que hablas tan bien el español? 어떻게 그렇게 스페인어를 잘하는 겁니까?

Ella no sabía el porqué ni el cómo de la vida. 그녀는 삶의 이유도 방법도 몰랐다.

El médico le dice a un paciente:

- Si quiere usted curarse, deberá tomar quince gotas de este frasco todos las mañanas.

- ¡Imposible, doctor! ¡Yo sólo sé contar hasta diez!

Vocabulary

curarse (병이) 낫다 I **tomar** 복용하다 I **gota** 방울 I **frasco** 병 I **todos las mañanas** 매일 아침 I
imposible 불가능한 I **contar** 세다

의사가 환자에게 말한다.

"완치되기를 원하면, 이 병에 든 것을 매일 아침 열다섯 방울씩 마셔야 해요."

"선생님, 불가능해요. 저는 단지 열까지밖에 세지 못해요."

Ayer tomamos el desayuno más tarde. 어제 우리는 아침식사를 늦게 했다.

Juan tomará una cerveza y yo un café. 후안은 맥주를 마실 것이고 나는 커피를 마실 것이다.

¿A qué hora vas a tomar el tren? 기차를 몇 시에 탈거니?

Ella necesitaba tomar aire. 그녀는 바깥 공기가 좀 필요했다.

¿Qué decisión ha tomado él? 그는 어떤 결정을 내렸습니까?

¿Le has tomado la temperatura a la niña? 소녀의 체온을 재 보았습니까?

- Cuando hablo, la gente me escucha con la boca abierta.

- Usted debe de ser un orador muy elocuente.

- No, soy dentista.

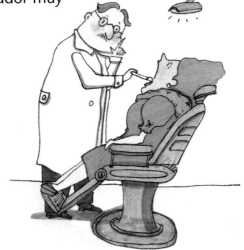

Vocabulary

me escucha 내 말을 듣다 | con la boca abierta 입을 벌리고 | debe de ser… …일 것이다 |
orador 연설가 | elocuente 능변인, 말솜씨가 좋은 | dentista 치과의사

"제가 말할 때 사람들은 입을 벌리고 내 말을 듣습니다."

"당신은 말솜씨가 매우 훌륭한 연설가인 모양이군요."

"아닙니다. 저는 치과의사입니다."

Hoy debe de hacer frío. 오늘 날씨는 추울 것이다.

Debe de haber llovido. 틀림없이 비가 왔을 것이다.

Debió de estar viajando por Europa. 유럽에서 여행하고 있었을 것이다.

Si malgasta así el dinero, debe de ser muy rico.
그런 식으로 돈을 낭비하면 부자임에 틀림없다.

No la encuentro en casa, debe de estar en el parque.
그녀가 집에 없다면, 틀림없이 공원에 있을 것이다.

Una joven recién operada de apendicitis pregunta al doctor:

- ¿Se me verá la cicatriz?

- Eso depende de usted, señorita.

𝒱ocabulary

recién 방금 …한 | recién operado,-da 방금 수술 받은 | operar 수술하다 | apendicitis 맹장 | cicatriz 흉터, 상처자국 | depender de …에 달려있다, 의존하다

🦋 방금 맹장수술을 받은 한 젊은 여자가 의사에게 묻는다.

"흉터가 보일까요?"

"아가씨, 그것은 당신에게 달렸죠."

유용한 표현

No depende de mí(Juan). 그는 내(후안)에게 의지하지 않는다.

Depende de lo que hagan los García. 가르시아 가족이 하기에 달려 있다.

El turismo depende de la situación política. 관광은 정치 상황에 달려 있다.

Él depende de su sueldo porque no tiene otra fuente de recurso.
그는 다른 자금원이 없기 때문에 월급에 의존한다.

Una anciana señora, vestida como una jovencita, acude al médico.

- ¿Qué siente usted?

- Padezco vértigos constantes.

- ¿Cuántos años tiene?

- Treinta y dos, doctor.

- Entonces, además, padece amnesia.

Vocabulary

anciana 노인 ǀ vestido,-da 옷을 입은 ǀ acudir a ···에 가다 ǀ sentir 느끼다 ǀ padecer (···을) 앓다 ǀ vértigo 현기증 ǀ constante 지속적인 ǀ amnesia 건망증

젊은 여자처럼 옷을 입은 늙은 부인이 의사에게 간다.

"무슨 일이시죠?"

"현기증이 계속 있는데요."

"연세가 어떻게 되시죠?"

"32살이에요."

"그럼 건망증까지 있군요."

Padezco del corazón. 나는 심장이 좋지 않다.

Mi abuela padece mucho. 우리 할머니는 많이 아프시다.

Padeció mucho durante la infancia. 어린 시절에 많이 아팠다.

En cada región la gente padece artritis. 각 지역에서는 사람들이 관절염을 앓는다.

El médico le dice al nuevo rico:

- Para la operación de su mujer, le pondremos anestesia local.

- No, doctor, yo pago bien, póngale anestesia importada.

Vocabulary

nuevo rico 벼락부자 | anestesia 마취 | local 국부의, 지방의 | importado,-da 수입된

🐌 의사가 졸부에게 묻는다.

"당신 부인의 수술을 위해서는 국부마취를 합니다."

"아닙니다. 선생님, 충분히 지불하겠어요. 수입마취로 해주세요."

유용한 표현

Pagaron con tarjeta de crédito. 그들은 신용카드로 지불했다.

Pagamos 700 dólares por el apartamento. 우리는 아파트 값으로 700달러를 지불했다.

Ella pagó 20 dólares por la cena. 그녀는 저녁 값으로 20달러를 냈다.

Pagué caro mis errores. 나는 실수의 대가를 비싸게 지불했다.

Ellos pagaron por su crimen con la vida. 그들은 그 범죄의 대가로 목숨을 바쳤다.

Un señor le pregunta a un amigo suyo, que es médico:

- ¿Por qué a cada cliente le preguntas qué come?
  ¿Es importante saberlo?

- Claro que sí, para saber
  cuánto debo poner en la
  factura.

Vocabulary

suyo (후치형 소유형용사) 그의 ㅣ **cliente** 고객 ㅣ **importante** 중요한 ㅣ **claro que sí** 물론 ㅣ **poner** 기입하다 ㅣ **factura** 청구서

한 신사가 의사인 친구에게 묻는다.

"왜 모든 환자에게 무엇을 먹느냐고 물어보는 거지? 그것을 아는 것이 그리 중요해?"

"물론이지. 청구서에 얼마를 써 넣어야 할지를 알기 위해서라네."

유머로 배우는 스페인어

유머로 배우는 스페인어

Chapter **10**

여행

Un escalador aficionado pregunta acerca de las dificultades de la excursión que va a emprender. Se dirige al más experto montañero y le pregunta:

- De aquella cima de allá lejos, ¿la gente se cae muchas veces?

- ¡Qué va! ¡No caen más que una sola vez en su vida!

*V*ocabulary

escalador,-ra 등산가 | aficionado,-da 아마추어 | acerca de …에 대하여 | dificultades 어려움 | excursión 등산 | emprender 착수하다 | experto,-ta 노련한 | montañero,-ra 등산가 | cima 정상 | caerse 떨어지다 | ¡Qué va! 절대 아니다 (강한 부정)

🐋 아마추어 등산가가 자신이 착수하려는 등산의 어려움에 대하여 묻는다. 그는 가장 노련한 등산가에게 가서 묻는다.

"저 멀리 있는 정상에서 사람들이 여러 차례 떨어지나요?"

"아니오. 평생에 단 한 번밖에 떨어지지 않아요."

유용한 표현

La maceta cayó del edificio. 화분은 건물에서 떨어졌다.

El mono se cayó de la rama. 원숭이는 나뭇가지에서 떨어졌다.

Juan tiene los pies planos, por eso se cae mucho. 후안은 평발이기 때문에 자주 넘어진다.

¡Se cayó del caballo cuando iba a bajarse. 그가 말에서 내리려 할 때 말에서 떨어졌다.

A mi abuela se le cayó la taza. 나의 할머니가 컵을 떨어뜨렸다.

Un caballero sube al tren llevando en la mano un cigarro encendido: se sienta y el revisor le advierte:

- Señor, está prohibido fumar.

- Ya lo sé -contesta aquél.

- Lleva usted el cigarro en la mano -insiste el revisor.

- ¡Caramba! ¡También llevo los zapatos en los pies y no ando!

Vocabulary

caballero 신사 | cigarro 담배 | encendido,-da 불붙은 | sentarse 앉다 | revisor,-ra 승무원 | advertir 알리다 | insistir 강조하다 | ¡Caramba! 이런! | zapato 구두 | pie 발 | andar 걷다

한 신사가 불이 붙어있는 담배를 손에 들고 기차에 올라탄다. 그 사람이 자리에 앉자, 승무원이 그에게 주의를 준다.

"손님, 여기는 금연입니다."

"알고 있어요." 신사가 대답한다.

"당신은 손에 담배를 들고 있습니다." 승무원이 다시 말한다.

"이런! 저는 발에 구두를 신고 있지요. 그러나 걷지는 않고 있죠."

유용한 표현
¿Cuánto dinero llevas contigo? 너는 돈을 얼마나 갖고 있니?

Eduardo lleva la chaqueta blanca. 에두아르도는 흰 재킷을 입고 있다.

La llevé a la biblioteca. 나는 그녀를 도서관에 데리고 갔다.

Javier lleva los zapatos desamarrados. 하비에르는 끈이 풀린 구두를 신고 있다.

Llevamos un par de semanas en Moscú. 우리는 모스크바에 온지 2주일이 되었다.

El fuerte viento se llevó los papeles. 강한 바람이 종이를 날려버렸다.

En un departamento del ferrocarril, un amable señor pregunta al niño que va con su mamá:

- ¿Cómo te llamas, guapo?

- Juan.

- ¿Cuánto años tienes?

El niño mira entonces a su mamá y pregunta:

- Mamá, ¿es el revisor?

Vocabulary

departamento 객실 | ferrocarril 열차 | amable 친절한 | revisor,-ra 검표원

열차 객실에서 친절한 신사가 엄마와 같이 있는 아이에게 묻는다.

"잘 생겼네. 이름이 뭐지?"

"후안"

"몇 살이지?"

그 아이는 엄마를 바라보고 묻는다.

"엄마, 이 사람 검표원이에요?"

유용한 표현

Yo le pregunté cuántos años tenía. 나는 그에게 몇 살이냐고 물었다.

El estudiante le preguntó a la profesora quién era Colón.
학생은 선생님에게 콜럼버스가 누구냐고 물었다.

¡Pregúntele si quiere comer ahora! 지금 식사하겠냐고 그에게 물어봐주세요!

Tomás preguntó por la salud de usted. 토마스가 전화해 당신 건강에 대해 물어봤어요.

¡No pregunte por mí porque no estaré aquí!
나는 여기 없을 테니까, 나를 찾지 마세요!

Él llamó y preguntó por ti(José). 그가 전화해서 너(호세)를 찾던데.

A la salida de Madrid hay un individuo haciendo auto-stop.
De pronto, para un coche y le pregunta al conductor.

- ¿Va usted a Barcelona?

- No -responde el viajero.

Al oír aquello, el individuo sube al
vehículo, mientras comenta:

- ¡Ah, muy bien! Pues iremos juntos,
  porque yo tampoco voy a Barcelona.

Vocabulary

salida 출발점 I individuo 개인, 개체, 일원 I auto-stop 히치하이킹 I de pronto 갑자기 I parar
정지하다 I conductor 운전자 I viajero,-ra 여행자 I vehículo 자동차 I junto 함께한, 이웃한

마드리드를 떠나는 길목에, 히치하이킹을 하려는 사람이 있다. 갑자기 자동차가 정지하자 운전자에게 묻는다.

"바르셀로나로 가십니까?"

여행자가 대답한다.

"아니오."

이 말을 듣자, 그 사람은 자동차에 올라타면서 말한다.

"아! 잘 됐네요! 같이 갑시다. 왜냐하면 저도 바르셀로나로 가는 것이 아니기 때문이죠."

Salimos de viaje al amanecer. 우리는 동틀 녘에 여행을 떠났다.

Al entrar yo en la cocina, mi madre preparaba una buena paella.
내가 주방에 들어갔을 때, 어머니는 맛있는 빠에야를 만들고 계셨다.

Al oír la noticia, se puso pálido y se le paró el corazón.
소식을 듣자 그는 창백해지고 심장이 멎었다.

Un motorista de Tráfico sigue asombrado a un pequeño utilitario: cada cinco segundos, el coche da un saltito y se eleva unos centímetros. El guardia lo alcanza y pregunta al conductor:

- ¿Pero qué le pasa al coche?

- Nada -contesta el conductor- Soy yo, es que tengo hipo.

*V*ocabulary

motorista 운전수 | tráfico 교통 | seguir 따라가다 | asombrado,-da 놀란 | utilitario 실용차 (coche utilitario) | dar un saltito 뛰어오르다 | elevarse 올라가다 | centímetro 센티미터 | guardia 경찰관 | alcanzar 따라잡다 | porquería 쓰레기 같은 물건 | tener hipo 딸꾹질을 하다

🐌 오토바이를 탄 교통경찰이 놀라며 작은 경차의 뒤를 쫓는다. 그 차는 5초 간격으로 깡충깡충 뛰면서 몇 센티씩 뛰어오른다. 경찰이 차를 잡고 운전자에게 묻는다.

"아니, 차에 무슨 일이 생겼습니까?"

운전자가 대답한다.

"아무 일도 없습니다. 제가 딸꾹질을 하거든요."

유용한 표현

No puedo alcanzar esa fruta. La rama está muy alta.
저 과일을 딸 수가 없어. 나뭇가지가 너무 높아.

El corredor español pudo alcanzar al francés.
스페인 주자는 프랑스 주자를 따라잡을 수 있었다.

El sueldo no me alcanza para vivir. 생활하기에 내 월급은 모자라다.

Su padre no alcanza a comprenderle. 그의 아버지는 그를 이해하지 못한다.

Alcanzó a comer antes de salir. 그는 나가기 전에 식사를 할 수 있었다.

10. 여행

El revisor del tren pregunta a un niño bastante crecido, que viaja sin billete en compañía de su madre:

- ¿Es posible que sólo tengas cuatro años?

- ¡Claro que tengo cuatro años!

- ¿Seguro que no te equivocas?

- Segurísimo. ¡Hace tres años que digo lo mismo!

Vocabulary

crecido 자란, 성장한 (crecer의 과거분사) ǀ viajar 여행하다 ǀ sin billete 차표 없이 ǀ en compañía de ···을 동반하여 ǀ equivocarse 착각하다 ǀ segurísimo seguro의 절대최상급 ǀ hace+시간+que··· (얼마 전부터) ···하다

🐌 기차 승무원이 어느 정도 성숙한 어린이에게 묻는다. 그 어린이는 표 없이 엄마와 함께 여행 중이다.

"네가 네 살밖에 되지 않았다니 가능한 일일까?"

"분명히 저는 네 살이에요."

"착각하지 않은 것이 확실해?"

"확실해요. 3년 전부터 똑같이 말했거든요."

Hace dos años que estudio español. 나는 스페인어를 배운지 2년 된다.

Hace (mucho) tiempo que no te veo. 내가 너를 못 본지 오래 되었구나.

Hace una semana que estamos aquí. 우리가 이곳에 온지 일주일이 되었다.

¿Cuánto tiempo hace que vives en esta casa? 네가 이집에 산 지 얼마나 되었니?

En el tren, una señora pregunta al revisor:

- ¿Podré bajar en la próxima estación?

El revisor medita un instante y le dice:

- Inténtelo, pero baje con cuidado porque el tren no para...

Vocabulary

bajar (차에서) 내리다 I la próxima estación 다음 역 I meditar 곰곰이 생각하다 I un instante 잠시 I intentar 시도하다 I con cuidado 조심하여 I parar 정지하다

기차에서 한 부인이 승무원에게 묻는다.

"다음 역에서 내릴 수 있나요?"

승무원은 잠시 생각하고 말한다.

"그렇게 해보세요. 그러나 기차는 정차하지 않으니 조심해서 내리세요."

유용한 표현

¡Bajen la voz!, por favor. 목소리를 낮춰주세요! 부탁입니다.

Bajó del auto con mucha prisa. 그는 차에서 매우 급히 내렸다.

Él baja la cabeza para entrar. 그는 들어오기 위해서 고개를 숙인다.

Para ir al sótano hay que bajar la escalera.
지하실을 가기 위해서는 계단을 내려가야 한다.

La temperatura baja mucho después de medianoche.
자정이 지나면 기온이 많이 내려간다.

10. 여행

Camino de Pamplona, una madre toma el tren con tres hijos pequeños. Son alborotadores, lloran y no dejan en paz a nadie.

Y la madre pregunta en cada parada:

- ¿Hemos llegado a Pamplona? ¡Mira que si nos pasamos!... ¿Porqué no habrá una señal que anuncie la llegada?

- ¡La habrá, señora! -exclama un viajero.

- ¿Es posible?

- Sí, cuando oiga un suspiro de satisfacción de todos los que vamos aquí, es que llegamos a Pamplona.

Vocabulary

camino 길 | alborotador,-ra 말썽장이 | llorar 울다 | dejar en paz 가만 내버려두다 | parada 정거장 | llegar a …에 도착하다 | pasarse 지나쳐가다 | señal 신호 | anunciar 알리다 | llegada 도착 | exclamar 외치다 | suspiro de satisfacción 안도의 한숨

🪱 빰쁠로나를 향하여, 어머니가 어린 세 아들과 함께 기차를 탄다. 그 아이들은 말썽꾸러기이며, 울기도 하고 어느 누구도 가만히 내버려두지 않는다.

어머니는 각 역에 정차할 때마다 묻는다.

"빰쁠로나에 도착했나요? 우리가 지나치는지 보세요. 도착을 알리는 신호가 왜 없을까?"

한 여행자가 외친다.

"부인, (신호가) 있을 겁니다."

"그럴까요?"

"네, 여기 가고 있는 우리 모두의 안도의 한숨소리를 듣는다면, 그것이 우리가 빰쁠로나에 도착했다는 것이죠."

유용한 표현

¡Déjame en paz! 나 좀 내버려 둬!

¿Hay perros en Corea? -Sí, (los) hay. 한국에는 개가 있습니까? 네, (그것들이) 있습니다.

¿Hay libros en la mesa? -Sí, (los) hay. 탁자에 책이 있습니까? 네, (그것들이) 있습니다.

Una señora miope se encuentra ya acomodada en el avión y mirando por la ventanilla. Le dice a su vecino:

- ¡Mire cuánta gente allí abajo, parecen hormigas!

- Son hormigas! -responde el otro. El avión no ha despegado todavía.

Vocabulary

miope 근시안(의) | acomodado-,da 편안한 | avión 비행기 | por la ventanilla 창문을 통하여 | vecino 옆 사람 | abajo 아래에 | hormiga 개미 | despegar 이륙하다

근시안의 한 부인이 비행기에서 편안하게 창밖을 내다보고 있다. 그녀가 옆자리의 사람에게 묻는다.

"저 아래 얼마나 사람이 많은지 보세요. 개미 같아요."

다른 사람이 대답한다.

"개미인데요. 비행기는 아직 이륙하지 않았어요."

유용한 표현

Ha viajado por toda España. 그는 전 스페인을 여행했다.

Voy a dar un paseo por el parque. 나는 공원을 산책할 거야.

Vi por la ventana a los que tiraban piedras. 나는 돌을 던지는 사람들을 창문을 통하여 보았다.

La ventana por la cual había entrado el ladrón estaba abierta.
도둑이 들어왔던 창문은 열려 있었다.

- Hola, Juan, ¿cómo estás? ¿Has pasado el verano en aquel bonito hotel de Miami que vimos en un folleto?

- Sí, sí, he estado dos meses.

- ¿Dos meses?

- Sí, una semana de vacaciones, y el resto del tiempo lavando platos para pagar la cuenta.

Vocabulary

verano 여름 ǀ **folleto** 안내책자 ǀ **vacaciones** 휴가 ǀ **lavar platos** 접시를 닦다 ǀ **pagar** 지불하다 ǀ **cuenta** 계산서

"후안, 안녕. 어떻게 지내? 우리가 팸플릿에서 본 마이애미의 아름다운 호텔에서 여름을 보냈어?

"그럼, 그럼. 두 달 동안 있었어."

"두 달 동안?"

"그래, 일주일은 휴가였고, 나머지 기간은 계산을 하기 위하여 접시를 닦았지."

Me gustaría pasar las vacaciones en París. 나는 파리에서 휴가를 보내고 싶다.

El camino pasa muy cerca de la finca. 그 길은 농장 가까운 곳을 지나간다.

¿Qué pasó? -Nada en particular; algo le pasó a mi coche.
무슨 일이야? – 별 일 아니야, 차에 무슨 일이 생겼나봐.

Juan no pasó el examen. 후안은 시험에 합격하지 못했다.

Pasaron de Canadá a los Estados Unidos. 그들은 캐나다에서 미국으로 이동했다.

Un hombre, en la estación tiraba de su maleta sin lograr levantarla. Un joven, al verlo, se acercó a ayudarle y la levantó diciendo:

- ¡Pero si es muy fácil!

Y el hombre contestó:

- ¡Hombre, haciendo esfuerzo, yo también!

ocabulary

estación 역 | tirar de ⋯을 당기다 | maleta 트렁크 | lograr 성취하다 | levantar 들어 올리다 | acercarse 접근하다 | ayudar 돕다 | fácil 쉬운 | hacer esfuerzo 힘을 쓰다

🎵 기차역에서 한 남자가 가방을 잡아당기고 있는데, 가방을 들어 올리지 못한다. 한 젊은이가 그것을 보고 도와주려고 다가가서, 가방을 들어 올리며 말한다.

"아주 쉬운데요."

그 남자가 대답한다.

"그럼요. 나도 힘을 쓰면 쉽게 들 수 있죠."

Estando yo en Europa, estalló la guerra. 내가 유럽에 있을 때 전쟁이 발발했다.

Habiéndose puesto el sol nos apresuramos. 해가 졌기 때문에 우리들은 서둘렀다.

Hablando se entiende la gente. 얘기하면 사람들은 서로 이해하는 법이다.

Estudiando un poco más, podrás aprobar el inglés.
조금 더 공부하면 너는 영어시험에 합격할 수 있을 거야.

Siendo inteligente, a veces parece tonto. 그는 현명하지만 때때로 바보처럼 보인다.

La estación quedaba a varios kilómetros del pueblo. Un viejo avaro preguntó al taxista:

- ¿Cuánto pide por llevarme a la estación?

- Diez euros, señor.

- ¿Y por la maleta?

- Por la maleta, nada, señor.

- Estupendo, entonces lleve la maleta: yo iré a pie.

Vocabulary

quedar 있다(estar), 남다 | varios 여러 개의 | pueblo 마을 | avaro,-ra 인색한 | taxista 택시운전수 | cuánto,-ta 얼마나 | llevar 데려가다 | maleta 가방 | estupendo,-da 굉장한 | a pie 걸어서

🐌 기차역은 마을로부터 수 킬로 떨어져 있었다. 한 인색한 노인이 택시기사에게 묻는다.

"역까지 가는데 얼마죠?"

"10 유로입니다. 손님"

"그럼 이 가방은요? (요금이 얼마입니까?)"

"가방은 요금을 받지 않습니다. 손님."

"좋아요. 그럼 이 가방을 갖다 주세요. 저는 걸어서 가겠어요."

유용한 표현

La casa queda muy lejos del centro de la población.
그 집은 마을의 중심에서 매우 멀리 떨어져 있다.

La escuela queda cerca de mi casa. 학교는 우리 집에서 가까운 곳에 있다.

Eso queda hacia el norte de Madrid. 그것은 마드리드의 북쪽에 있다.

유머로 배우는 스페인어

유머로 배우는 스페인어

Chapter **11**

정신병자

El director del manicomio ve con sorpresa que un paciente está colgado del techo.

- Pero ¿qué hace ese hombre allí arriba? -pregunta a sus compañeros.

- Se cree que es una lámpara.

- Bajadlo inmediatamente.

- ¡No, que entonces nos quedamos a oscuras!

Vocabulary

sorpresa 놀람 I está colgado del techo 천장에 매달려 있다 I lámpara 전등 I inmediatamente 즉시 I quedarse 남아있다 I a oscuras 어둠 속에

정신병원 원장이 한 환자가 천장에 매달려 있는 것을 보고 놀란다. 그의 동료들에게 묻는다.

"그런데 그 남자는 그 위에서 무엇을 하는 거지?"

"자신이 전등이라고 믿고 있지."

"그럼 즉시 그를 내려."

"안돼. 그럼 우리는 어둠 속에 갇히게 된단 말이야."

유용한 표현

Quedaron atónitos. 그들은 멍해졌다.

La ciudad quedó vacía. 도시는 텅 비었다.

Nos quedamos asombrados al oírlo. 우리는 그 말을 듣고 깜짝 놀랐다.

El pobre hombre (se) quedó ciego a causa del accidente.
그 불쌍한 남자는 사고 때문에 맹인이 되었다.

▶ DE LOCOS 정신병자

Un avión iba de Madrid a París, y todos los viajeros procedían de cierto manicomio.

Armaban tanto ruido los locos y molestaban tanto a los pilotos que el comandante le pide a la azafata que haga lo posible por calmarlos.

Al rato, el avión se encuentra en el más absoluto silencio. Le pregunta el comandante a la azafata:

- ¿Cómo lo has conseguido?

- Muy sencillo, abrí las puertas y grité: ¡Niños, al recreo!

𝒱ocabulary

proceder de ···에서 나오다 | armar 난장판을 벌이다 | ruido 소음 | molestar 괴롭히다 | piloto 조종사 | comandante 기장 | azafata 승무원 | calmar 진정시키다 | al rato 잠시 후에 | silencio 정적 | sencillo,-lla 단순한 | gritar 외치다 | recreo 오락, 기분풀이

🐌 비행기가 마드리드에서 파리로 가고 있었다. 모든 승객들은 정신병원에서 나온 사람들이었다. 미친 사람들은 큰소리로 난리를 피우고 조종사들을 매우 괴롭혔다. 기장이 스튜어디스에게 그들을 진정시키도록 무엇인가 조치를 취하라고 명령하였다.

잠시 후, 비행기는 매우 조용한 상태가 되었다. 기장이 스튜어디스에게 묻는다.

"어떻게 한 거지?"

"매우 간단하죠. 문을 열고 외쳤죠. 얘들아, 놀러가자!"

유용한 표현

Le pedí que saliera(trabajara). 나는 그에게 나가달라고(일하라고) 부탁했다.

Pedro me pidió que le acompañara a su casa.
뻬드로는 나에게 자기 집으로 함께 가자고 부탁했다.

Le pedí a Jorge un favor. 나는 호르헤에게 부탁했다.

El niño le pidió muchos juguetes a su padre. 아이는 아버지에게 많은 장난감을 요구했다.

En el manicomio.

Un loco se acerca corriendo a un visitante y exclama:

- ¡Soy un obispo, soy un obispo!

- ¿Ah, sí? ¿Quién te ha dicho que eres un obispo?

- ¡El Papa, me lo ha dicho!

Aclara otro que pasaba por allí:

- No le haga caso, está loco.
  ¡Yo no le he dicho nada!

$\mathcal{V}$ocabulary

correr 달리다 | visitante 방문객 | exclamar 외치다 | obispo 주교 | Papa 교황 | hacer caso
관심을 두다 | aclarar 해명하다 | pasar por …을 지나다

🎵 정신병원에서

한 미친 사람이 방문객에게 달려와서 외친다.

"제가 주교입니다. 제가 주교에요!"

"아! 그래요? 당신이 주교라고 누가 말했지요?"

"교황이 그랬어요!"

그곳을 지나가던 다른 사람이 설명한다.

"그에게 관심 두지 말아요. 그는 미쳤어요. 난 그에게 아무 말도 하지 않았거든요."

유용한 표현

Ella salió corriendo. 그녀는 뛰어 나갔다.

Subió la escalera cantando. 그는 노래를 부르면서 계단을 올라갔다.

Han puesto un anuncio solicitando un cocinero. 그들은 요리사를 구하는 광고를 냈다.

Estoy perdiendo tiempo hablando contigo. 나는 너와 얘기하면서 시간을 허비하고 있다.

En un manicomio hay un loco que corre por los pasillos haciendo ruido como si fuera una moto, hasta que un día el director del sanatorio comenta:

- No podemos seguir así, ¡hay que trasladar a este paciente!

Contesta uno de sus ayudantes:

- Pero... ¡si no hace tanto ruido!

- No, si lo que a mí me molesta es el humo.

ocabulary

pasillo 복도 | hacer ruido 소리를 내다 | como si fuera(fuese) 마치 …처럼 | moto 오토바이 (motocicleta) | sanatorio (정신병자들의) 요양소 | trasladar 이송하다 | ayudantes 보조원 | humo 연기

정신병원에서 한 전신병자가 마치 오토바이처럼 소리를 내면서 복도를 달리고 있다. 어느 날 그 병원의 원장이 말한다.

"이렇게 계속할 수는 없어요. 이 환자를 이송해야 합니다."

보조원 중 한 사람이 대답한다.

"그러나... 소리를 내지 않는다면!"

"아니오, 나는 연기 때문에 괴로운 겁니다."

유용한 표현

Él habla como si fuera presidente. 그는 마치 대통령처럼 말한다.

Hazlo como si estuviera contigo. 마치 내가 너와 함께 있는 것처럼 그것을 해라.

Bésame mucho como si fuera esta noche la última vez.
마치 오늘밤이 마지막인 것처럼 나에게 키스를 많이 해줘.

Se quedó tan tranquilo, como si nada le hubiera pasado.
그는 마치 아무 일도 없었던 것처럼 평안했다.

II. 정신병자

A bordo de un avión biplaza, el piloto no hacía más que reírse.

Finalmente, el pasajero le preguntó:

- ¿Por qué se ríe usted?

Contesta el piloto:

- Estaba pensando lo que dirán en el manicomio cuando se den cuenta de que me he escapado.

𝒱ocabulary

a bordo de ···에 타고 | biplaza 2인용 | piloto 조종사 | finalmente 드디어 | pasajero,-ra 여행객 | darse cuenta de ···을 알다 | escaparse 탈출하다

🐌 쌍엽기를 탄 조종사는 웃기만 했다.

마침내 승객이 그에게 묻는다.

"왜 웃는 거죠?"

조종사가 대답한다.

"정신병원에서 내가 탈출한 것을 알고 그들이 뭐라고 말할 지를 생각하고 있었어요."

유용한 표현

Trae lo que tienes. 갖고 있는 것을 (아무 것이라도) 가지고 와라.

Lo que dijo él era mentira. 그가 말한 것은 거짓말이었다.

Lo que siento es no haber venido antes. 내가 유감으로 생각하는 것은 전에 오지 않은 것이다.

Hago lo que puedo. 나는 내가 할 수 있는 것을 합니다.

Un loco se está dando golpes con un martillo en la cabeza. Llega otro y le dice:

- Debes hacerte daño al pegarte con el martillo.

- Sí -contesta el primero-, pero siento un gran alivio cuando dejo de hacerlo.

*V*ocabulary

dar golpes 때리다 | martillo 망치 | cabeza 머리 | hacer daño 상처를 주다 | sentir 느끼다 |
alivio 쾌차 | dejar de ···을 그만두다

미친 사람이 자신의 머리를 망치로 때리고 있다. 다른 사람이 와서 말한다.

"망치로 때리면 큰 상처를 입을 텐데요."

미친 사람이 대답한다.

"네, 그러나 이렇게 하다가 중지하면 나는 매우 좋아지는 것을 느껴요."

Lo siento (muchísimo). (대단히) 미안합니다.

Siento llamar tan tarde. 늦은 시간에 전화해서 미안합니다.

Yo siento hambre(calor/sed). 나는 배고픔(더위/갈증)을 느낀다.

La madre ha sentido el dolor del hijo. 어머니는 아들의 아픔을 느꼈다.

Sin sentir el frío, los muchachos siguieron jugando afuera.
젊은이들은 추운 줄도 모르고 밖에서 계속 놀았다.

II. 정신병자

유머로 배우는 스페인어

유머로 배우는 스페인어

부록
_ 동사변화표

법	직설법				
시제 동사	현재	부정과거	불완료과거	미래	
hablar 말하다 hablando hablado	hablo hablas habla hablamos habláis hablan	hablé hablaste habló hablamos hablasteis hablaron	hablaba hablabas hablaba hablábamos hablabais hablaban	hablaré hablarás hablará hablaremos hablaréis hablarán	
comer 먹다 comiendo comido	como comes come comemos coméis comen	comí comiste comió comimos comisteis comieron	comía comías comía comíamos comíais comían	comeré comerás comerá comeremos comeréis comerán	
vivir 살다 viviendo vivido	vivo vives vive vivimos vivís viven	viví viviste vivió vivimos vivisteis vivieron	vivía vivías vivía vivíamos vivíais vivían	viviré vivirás vivirá viviremos viviréis vivirán	

가능	접속법			명령법
	현재	불완료과거 (ra형)	불완료과거 (se형)	
hablaría	hable	hablara	hablase	----
hablarías	hables	hablaras	hablases	habla
hablaría	hable	hablara	hablase	hable
hablaríamos	hablemos	habláramos	hablásemos	hablemos
hablaríais	habléis	hablarais	hablaseis	hablad
hablarían	hablen	hablaran	hablasen	hablen
comería	coma	comiera	comiese	----
comerías	comas	comieras	comieses	come
comería	coma	comiera	comiese	coma
comeríamos	comamos	comiéramos	comiésemos	comamos
comeríais	comáis	comierais	comieseis	comed
comerían	coman	comieran	comiesen	coman
viviría	viva	viviera	viviese	----
vivirías	vivas	vivieras	vivieses	vive
viviría	viva	viviera	viviese	viva
viviríamos	vivamos	viviéramos	viviésemos	vivamos
viviríais	viváis	vivierais	vivieseis	vivid
vivirían	vivan	vivieran	viviesen	vivan

부록. 동사변화표

법	직설법			
동사　　시제	현재	부정과거	불완료과거	미래
actuar 움직이다 actuando actuado	actúo actúas actúa actuamos actuáis actúan	actué actuaste actuó actuamos actuasteis actuaron	actuaba actuabas actuaba actuábamos actuabais actuaban	actuaré actuarás actuará actuaremos actuaréis actuarán
advertir 알아채다 advirtiendo advertido	advierto adviertes advierte advertimos advertís advierten	advertí advertiste advirtió advertimos advertisteis advirtieron	advertía advertías advertía advertíamos advertíais advertían	advertiré advertirás advertirá advertiremos advertiréis advertirán
andar 걷다 andando andado	ando andas anda andamos andáis andan	anduve anduviste anduvo anduvimos anduvisteis anduvieron	andaba andabas andaba andábamos andabais andaban	andaré andarás andará andaremos andaréis andarán
caer 떨어지다 cayendo caído	caigo caes cae caemos caéis caen	caí caíste cayó caímos caísteis cayeron	caía caías caía caíamos caíais caían	caeré caerás caerá caeremos caeréis caerán

가능	접속법			명령법
	현재	불완료과거 (ra형)	불완료과거 (se형)	
actuaría	actúe	actuara	actuase	----
actuarías	actúes	actuaras	actuases	actúa
actuaría	actúe	actuara	actuase	actúe
actuaríamos	actuemos	actuáramos	actuásemos	actuemos
actuaríais	actuéis	actuarais	actuaseis	actuad
actuarían	actúen	actuaran	actuasen	actúen
advertiría	advierta	advirtiera	advirtiese	----
advertirías	adviertas	advirtieras	advirtieses	advierte
advertiría	advierta	advirtiera	advirtiese	advierta
advertiríamos	advirtamos	advirtiéramos	advirtiésemos	advirtamos
advertiríais	advirtáis	advirtierais	advirtieseis	advertid
advertirían	adviertan	advirtieran	advirtiesen	adviertan
andaría	ande	anduviera	anduviese	----
andarías	andes	anduvieras	anduvieses	anda
andaría	ande	anduviera	anduviese	ande
andaríamos	andemos	anduviéramos	anduviésemos	andemos
andaríais	andéis	anduvierais	anduvieseis	andad
andarían	anden	anduvieran	anduviesen	anden
caería	caiga	cayera	cayese	----
caerías	caigas	cayeras	cayeses	cae
caería	caiga	cayera	cayese	caiga
caeríamos	caigamos	cayéramos	cayésemos	caigamos
caeríais	caigáis	cayerais	cayeseis	caed
caerían	caigan	cayeran	cayesen	caigan

부록. 동사변화표

법	직설법				
시제 동사	현재	부정과거	불완료과거	미래	
cambiar 바꾸다 cambiando cambiado	cambio cambias cambia cambiamos cambiáis cambian	cambié cambiaste cambió cambiamos cambiasteis cambiaron	cambiaba cambiabas cambiaba cambiábamos cambiabais cambiaban	cambiaré cambiarás cambiará cambiaremos cambiaréis cambiarán	
coger 쥐다, 잡다 cogiendo cogido	cojo coges coge cogemos cogéis cogen	cogí cogiste cogió cogimos cogisteis cogieron	cogía cogías cogía cogíamos cogíais cogían	cogeré cogerás cogerá cogeremos cogeréis cogerán	
conocer 알다 conociendo conocido	conozco conoces conoce conocemos conocéis conocen	conocí conociste conoció conocimos conocisteis conocieron	conocía conocías conocía conocíamos conocíais conocían	conoceré conocerás conocerá conoceremos conoceréis conocerán	
continuar 계속하다 continuando continuado	continúo continúas continúa continuamos continuáis continúan	continué continuaste continuó continuamos continuasteis continuaron	continuaba continuabas continuaba continuábamos continuabais continuaban	continuaré continuarás continuará continuaremos continuaréis continuarán	

| 가능 | 접속법 | | | 명령법 |
	현재	불완료과거 (ra형)	불완료과거 (se형)	
cambiaría	cambie	cambiara	cambiase	----
cambiarías	cambies	cambiaras	cambiases	cambia
cambiaría	cambie	cambiara	cambiase	cambie
cambiaríamos	cambiemos	cambiáramos	cambiásemos	cambiemos
cambiaríais	cambiéis	cambiarais	cambiaseis	cambiad
cambiarían	cambien	cambiaran	cambiasen	cambien
cogería	coja	cogiera	cogiese	----
cogerías	cojas	cogieras	cogieses	coge
cogería	coja	cogiera	cogiese	coja
cogeríamos	cojamos	cogiéramos	cogiésemos	cojamos
cogeríais	cojáis	cogierais	cogieseis	coged
cogerían	cojan	cogieran	cogiesen	cojan
conocería	conozca	conociera	conociese	----
conocerías	conozcas	conocieras	conocieses	conoce
conocería	conozca	conociera	conociese	conozca
conoceríamos	conozcamos	conociéramos	conociésemos	conozcamos
conoceríais	conozcáis	conocierais	conocieseis	conoced
conocerían	conozcan	conocieran	conociesen	conozcan
continuaría	continúe	continuara	continuase	----
continuarías	continúes	continuaras	continuases	continúa
continuaría	continúe	continuara	continuase	continúe
continuaríamos	continuemos	continuáramos	continuásemos	continuemos
continuaríais	continuéis	continuarais	continuaseis	continuad
continuarían	continúen	continuaran	continuasen	continúen

법	직설법				
동사　시제	현재	부정과거	불완료과거	미래	
dar 주다 dando dado	doy das da damos dais dan	di diste dio dimos disteis dieron	daba dabas daba dábamos dabais daban	daré darás dará daremos daréis darán	
decir 말하다 diciendo dicho	digo dices dice decimos decís dicen	dije dijiste dijo dijimos dijisteis dijeron	decía decías decía decíamos decíais decían	diré dirás dirá diremos diréis dirán	
dirigir 향하게하다 dirigiendo dirigido	dirijo diriges dirige dirigimos dirigís dirigen	dirigí dirigiste dirigió dirigimos dirigisteis dirigieron	dirigía dirigías dirigía dirigíamos dirigíais dirigían	dirigiré dirigirás dirigirá dirigiremos dirigiréis dirigirán	
divertir 즐겁게하다 divirtiendo divertido	divierto diviertes divierte divertimos divertís divierten	divertí divertiste divirtió divertimos divertisteis divirtieron	divertía divertías divertía divertíamos divertíais divertían	divertiré divertirás divertirá divertiremos divertiréis divertirán	

가능	접속법			명령법
	현재	불완료과거 (ra형)	불완료과거 (se형)	
daría	dé	diera	diese	----
darías	des	dieras	dieses	da
daría	dé	diera	diese	dé
daríamos	demos	diéramos	diésemos	demos
daríais	deis	dierais	dieseis	dad
darían	den	dieran	diesen	den
diría	diga	dijera	dijese	----
dirías	digas	dijeras	dijeses	di
diría	diga	dijera	dijese	diga
diríamos	digamos	dijéramos	dijésemos	digamos
diríais	digáis	dijerais	dijeseis	decid
dirían	digan	dijeran	dijesen	digan
dirigiría	dirija	dirigiera	dirigiese	----
dirigirías	dirijas	dirigieras	dirigieses	dirige
dirigiría	dirija	dirigiera	dirigiese	dirija
dirigiríamos	dirijamos	dirigiéramos	dirigiésemos	dirijamos
dirigiríais	dirijáis	dirigierais	dirigieseis	dirigid
dirigirían	dirijan	dirigieran	dirigiesen	dirijan
divertiría	divierta	divirtiera	divirtiese	----
divertirías	diviertas	divirtieras	divirtieses	divierte
divertiría	divierta	divirtiera	divirtiese	divierta
divertiríamos	divirtamos	divirtiéramos	divirtiésemos	divirtamos
divertiríais	divirtáis	divirtierais	divirtieseis	divertid
divertirían	diviertan	divirtieran	divirtiesen	diviertan

법	직설법				
시제 동사	현재	부정과거	불완료과거	미래	
dormir 잠자다 durmiendo dormido	duermo duermes duerme dormimos dormís duermen	dormí dormiste durmió dormimos dormisteis durmieron	dormía dormías dormía dormíamos dormíais dormían	dormiré dormirás dormirá dormiremos dormiréis dormirán	
empezar 시작하다 empezando empezado	empiezo empiezas empieza empezamos empezáis empiezan	empecé empezaste empezó empezamos empezasteis empezaron	empezaba empezabas empezaba empezábamos empezabais empezaban	empezaré empezarás empezará empezaremos empezaréis empezarán	
encontrar 발견하다 encontrando encontrado	encuentro encuentras encuentra encontramos encontráis encuentran	encontré encontraste encontró encontramos encontrasteis encontraron	encontraba encontrabas encontraba encontrábamos encontrabais encontraban	encontraré encontrarás encontrará encontraremos encontraréis encontrarán	
entender 이해하다 entendiendo entendido	entiendo entiendes entiende entendemos entendéis entienden	entendí entendiste entendió entendimos entendisteis entendieron	entendía entendías entendía entendíamos entendíais entendían	entenderé entenderás entenderá entenderemos entenderéis entenderán	

| 가능 | 접속법 | | | 명령법 |
	현재	불완료과거 (ra형)	불완료과거 (se형)	
dormiría	duerma	durmiera	durmiese	----
dormirías	duermas	durmieras	durmieses	duerme
dormiría	duerma	durmiera	durmiese	duerma
dormiríamos	durmamos	durmiéramos	durmiésemos	durmamos
dormiríais	durmáis	durmierais	durmieseis	dormid
dormirían	duerman	durmieran	durmiesen	duerman
empezaría	empiece	empezara	empezase	----
empezarías	empieces	empezaras	empezases	empieza
empezaría	empiece	empezara	empezase	empiece
empezaríamos	empecemos	empezáramos	empezásemos	empecemos
empezaríais	empecéis	empezarais	empezaseis	empezad
empezarían	empiecen	empezaran	empezasen	empiecen
encontraría	encuentre	encontrara	encontrase	----
encontrarías	encuentres	encontraras	encontrases	encuentra
encontraría	encuentre	encontrara	encontrase	encuentre
encontraríamos	encontremos	encontráramos	encontrásemos	encontremos
encontraríais	encontréis	encontrarais	encontraseis	encontrad
encontrarían	encuentren	encontraran	encontrasen	encuentren
entendería	entienda	entendiera	entendiese	----
entenderías	entiendas	entendieras	entendieses	entiende
entendería	entienda	entendiera	entendiese	entienda
entenderíamos	entendamos	entendiéramos	entendiésemos	entendamos
entenderíais	entendáis	entendierais	entendieseis	entended
entenderían	entiendan	entendieran	entendiesen	entiendan

법	직설법			
시제 동사	현재	부정과거	불완료과거	미래
enviar 보내다 enviando enviado	envío envías envía enviamos enviáis envían	envié enviaste envió enviamos enviasteis enviaron	enviaba enviabas enviaba enviábamos enviabais enviaban	enviaré enviarás enviará enviaremos enviaréis enviarán
estar 있다 estando estado	estoy estás está estamos estáis están	estuve estuviste estuvo estuvimos estuvisteis estuvieron	estaba estabas estaba estábamos estabais estaban	estaré estarás estará estaremos estaréis estarán
haber 있다 habiendo habido	he has ha(hay) hemos habéis han	hube hubiste hubo hubimos hubisteis hubieron	había habías había habíamos habíais habían	habré habrás habrá habremos habréis habrán
hacer ~하다 haciendo hecho	hago haces hace hacemos hacéis hacen	hice hiciste hizo hicimos hicisteis hicieron	hacía hacías hacía hacíamos hacíais hacían	haré harás hará haremos haréis harán

가능	접속법			명령법
	현재	불완료과거 (ra형)	불완료과거 (se형)	
enviaría	envíe	enviara	enviase	----
enviarías	envíes	enviaras	enviases	envía
enviaría	envíe	enviara	enviase	envíe
enviaríamos	enviemos	enviáramos	enviásemos	enviemos
enviaríais	enviéis	enviarais	enviaseis	enviad
enviarían	envíen	enviaran	enviasen	envíen
estaría	esté	estuviera	estuviese	----
estarías	estés	estuvieras	estuvieses	está
estaría	esté	estuviera	estuviese	esté
estaríamos	estemos	estuviéramos	estuviésemos	estemos
estaríais	estéis	estuvierais	estuvieseis	estad
estarían	estén	estuvieran	estuviesen	estén
habría	haya	hubiera	hubiese	----
habrías	hayas	hubieras	hubieses	he
habría	haya	hubiera	hubiese	haya
habríamos	hayamos	hubiéramos	hubiésemos	hayamos
habríais	hayáis	hubierais	hubieseis	habed
habrían	hayan	hubieran	hubiesen	hayan
haría	haga	hiciera	hiciese	----
harías	hagas	hicieras	hicieses	haz
haría	haga	hiciera	hiciese	haga
haríamos	hagamos	hiciéramos	hiciésemos	hagamos
haríais	hagáis	hicierais	hicieseis	haced
harían	hagan	hicieran	hiciesen	hagan

부록. 동사변화표

법	직설법				
시제 동사	현재	부정과거	불완료과거	미래	
ir 가다 yendo ido	voy vas va vamos vais van	fui fuiste fue fuimos fuisteis fueron	iba ibas iba íbamos ibais iban	iré irás irá iremos iréis irán	
jugar 놀다 jugando jugado	juego juegas juega jugamos jugáis juegan	jugué jugaste jugó jugamos jugasteis jugaron	jugaba jugabas jugaba jugábamos jugabais jugaban	jugaré jugarás jugará jugaremos jugaréis jugarán	
leer 읽다 leyendo leído	leo lees lee leemos leéis leen	leí leíste leyó leímos leísteis leyeron	leía leías leía leíamos leíais leían	leeré leerás leerá leeremos leeréis leerán	
mentir 거짓말하다 mintiendo mentido	miento mientes miente mentimos mentís mienten	mentí mentiste mintió mentimos mentisteis mintieron	mentía mentías mentía mentíamos mentíais mentían	mentiré mentirás mentirá mentiremos mentiréis mentirán	

가능	접속법			명령법
	현재	불완료과거 (ra형)	불완료과거 (se형)	
iría	vaya	fuera	fuese	----
irías	vayas	fueras	fueses	ve
iría	vaya	fuera	fuese	vaya
iríamos	vayamos	fuéramos	fuésemos	vamos
iríais	vayáis	fuerais	fueseis	id
irían	vayan	fueran	fuesen	vayan
jugaría	juegue	jugara	jugase	----
jugarías	juegues	jugaras	jugases	juega
jugaría	juegue	jugara	jugase	juegue
jugaríamos	juguemos	jugáramos	jugásemos	juguemos
jugaríais	juguéis	jugarais	jugaseis	jugad
jugarían	jueguen	jugaran	jugasen	jueguen
leería	lea	leyera	leyese	----
leerías	leas	leyeras	leyeses	lee
leería	lea	leyera	leyese	lea
leeríamos	leamos	leyéramos	leyésemos	leamos
leeríais	leáis	leyerais	leyeseis	leed
leerían	lean	leyeran	leyesen	lean
mentiría	mienta	mintiera	mintiese	----
mentirías	mientas	mintieras	mintieses	miente
mentiría	mienta	mintiera	mintiese	mienta
mentiríamos	mintamos	mintiéramos	mintiésemos	mintamos
mentiríais	mintáis	mintierais	mintieseis	mentid
mentirían	mientan	mintieran	mintiesen	mientan

부록. 동사변화표

법	직설법				
시제 동사	현재	부정과거	불완료과거	미래	
morir 죽다 muriendo muerto	muero mueres muere morimos morís mueren	morí moriste murió morimos moristeis murieron	moría morías moría moríamos moríais morían	moriré morirás morirá moriremos moriréis morirán	
oír 듣다 oyendo oído	oigo oyes oye oímos oís oyen	oí oíste oyó oímos oísteis oyeron	oía oías oía oíamos oíais oían	oiré oirás oirá oiremos oiréis oirán	
pagar 지불하다 pagando pagado	pago pagas paga pagamos pagáis pagan	pagué pagaste pagó pagamos pagasteis pagaron	pagaba pagabas pagaba pagábamos pagabais pagaban	pagaré pagarás pagará pagaremos pagaréis pagarán	
pedir 요구하다 pidiendo pedido	pido pides pide pedimos pedís piden	pedí pediste pidió pedimos pedisteis pidieron	pedía pedías pedía pedíamos pedíais pedían	pediré pedirás pedirá pediremos pediréis pedirán	

| 가능 | 접속법 | | | 명령법 |
	현재	불완료과거 (ra형)	불완료과거 (se형)	
moriría	muera	muriera	muriese	----
morirías	mueras	murieras	murieses	muere
moriría	muera	muriera	muriese	muera
moriríamos	muramos	muriéramos	muriésemos	muramos
moriríais	muráis	murierais	murieseis	morid
morirían	mueran	murieran	muriesen	mueran
oiría	oiga	oyera	oyese	----
oirías	oigas	oyeras	oyeses	oye
oiría	oiga	oyera	oyese	oiga
oiríamos	oigamos	oyéramos	oyésemos	oigamos
oiríais	oigáis	oyerais	oyeseis	oid
oirían	oigan	oyeran	oyesen	oigan
pagaría	pague	pagara	pagase	----
pagarías	pagues	pagaras	pagases	paga
pagaría	pague	pagara	pagase	pague
pagaríamos	paguemos	pagáramos	pagásemos	paguemos
pagaríais	paguéis	pagarais	pagaseis	pagad
pagarían	paguen	pagaran	pagasen	paguen
pediría	pida	pidiera	pidiese	----
pedirías	pidas	pidieras	pidieses	pide
pediría	pida	pidiera	pidiese	pida
pediríamos	pidamos	pidiéramos	pidiésemos	pidamos
pediríais	pidáis	pidierais	pidieseis	pedid
pedirían	pidan	pidieran	pidiesen	pidan

법	직설법			
시제 동사	현재	부정과거	불완료과거	미래
pensar 생각하다 pensando pensado	pienso piensas piensa pensamos pensáis piensan	pensé pensaste pensó pensamos pensasteis pensaron	pensaba pensabas pensaba pensábamos pensabais pensaban	pensaré pensarás pensará pensaremos pensaréis pensarán
perder 잃다 perdiendo perdido	pierdo pierdes pierde perdemos perdéis pierden	perdí perdiste perdió perdimos perdisteis perdieron	perdía perdías perdía perdíamos perdíais perdían	perderé perderás perderá perderemos perderéis perderán
poder 할 수 있다 pudiendo podido	puedo puedes puede podemos podéis pueden	pude pudiste pudo pudimos pudisteis pudieron	podía podías podía podíamos podíais podían	podré podrás podrá podremos podréis podrán
poner 놓다 poniendo puesto	pongo pones pone ponemos ponéis ponen	puse pusiste puso pusimos pusisteis pusieron	ponía ponías ponía poníamos poníais ponían	pondré pondrás pondrá pondremos pondréis pondrán

		접속법		명령법
가능	현재	불완료과거 (ra형)	불완료과거 (se형)	명령법
pensaría pensarías pensaría pensaríamos pensaríais pensarían	piense pienses piense pensemos penséis piensen	pensara pensaras pensara pensáramos pensarais pensaran	pensase pensases pensase pensásemos pensaseis pensasen	---- piensa piense pensemos pensad piensen
perdería perderías perdería perderíamos perderíais perderían	pierda pierdas pierda perdamos perdáis pierdan	perdiera perdieras perdiera perdiéramos perdierais perdieran	perdiese perdieses perdiese perdiésemos perdieseis perdiesen	---- pierde pierda perdamos perded pierdan
podría podrías podría podríamos podríais podrían	pueda puedas pueda podamos podáis puedan	pudiera pudieras pudiera pudiéramos pudierais pudieran	pudiese pudieses pudiese pudiésemos pudieseis pudiesen	---- puede pueda podamos poded puedan
pondría pondrías pondría pondríamos pondríais pondrían	ponga pongas ponga pongamos pongáis pongan	pusiera pusieras pusiera pusiéramos pusierais pusieran	pusiese pusieses pusiese pusiésemos pusieseis pusiesen	---- pon ponga pongamos poned pongan

부록. 동사변화표

법	직설법			
동사　　시제	현재	부정과거	불완료과거	미래
querer 좋아하다 queriendo querido	quiero quieres quiere queremos queréis quieren	quise quisiste quiso quisimos quisisteis quisieron	quería querías quería queríamos queríais querían	querré querrás querrá querremos querréis querrán
reír 웃다 riendo reído	río ríes ríe reímos reís ríen	reí reíste rio(rió) reímos reísteis rieron	reía reías reía reíamos reíais reían	reiré reirás reirá reiremos reiréis reirán
saber 알다 sabiendo sabido	sé sabes sabe sabemos sabéis saben	supe supiste supo supimos supisteis supieron	sabía sabías sabía sabíamos sabíais sabían	sabré sabrás sabrá sabremos sabréis sabrán
sacar 꺼내다 sacando sacado	saco sacas saca sacamos sacáis sacan	saqué sacaste sacó sacamos sacasteis sacaron	sacaba sacabas sacaba sacábamos sacabais sacaban	sacaré sacarás sacará sacaremos sacaréis sacarán

	접속법			명령법
가능	현재	불완료과거 (ra형)	불완료과거 (se형)	
querría	quiera	quisiera	quisiese	----
querrías	quieras	quisieras	quisieses	quiere
querría	quiera	quisiera	quisiese	quiera
querríamos	queramos	quisiéramos	quisiésemos	queramos
querríais	queráis	quisierais	quisieseis	quered
querrían	quieran	quisieran	quisiesen	quieran
reiría	ría	riera	riese	----
reirías	rías	rieras	rieses	ríe
reiría	ría	riera	riese	ría
reiríamos	riamos	riéramos	riésemos	riamos
reiríais	riais(riáis)	rierais	rieseis	reíd
reirían	rían	rieran	riesen	rían
sabría	sepa	supiera	supiese	----
sabrías	sepas	supieras	supieses	sabe
sabría	sepa	supiera	supiese	sepa
sabríamos	sepamos	supiéramos	supiésemos	sepamos
sabríais	sepáis	supierais	supieseis	sabed
sabrían	sepan	supieran	supiesen	sepan
sacaría	saque	sacara	sacase	----
sacarías	saques	sacaras	sacases	saca
sacaría	saque	sacara	sacase	saque
sacaríamos	saquemos	sacáramos	sacásemos	saquemos
sacaríais	saquéis	sacarais	sacaseis	sacad
sacarían	saquen	sacaran	sacasen	saquen

부록. 동사변화표

법	직설법				
시제 동사	현재	부정과거	불완료과거	미래	
salir 나가다 saliendo salido	salgo sales sale salimos salís salen	salí saliste salió salimos salisteis salieron	salía salías salía salíamos salíais salían	saldré saldrás saldrá saldremos saldréis saldrán	
seguir 따르다 siguiendo seguido	sigo sigues sigue seguimos seguís siguen	seguí seguiste siguió seguimos seguisteis siguieron	seguía seguías seguía seguíamos seguíais seguían	seguiré seguirás seguirá seguiremos seguiréis seguirán	
sentar 앉히다 sentando sentado	siento sientas sienta sentamos sentáis sientan	senté sentaste sentó sentamos sentasteis sentaron	sentaba sentabas sentaba sentábamos sentabais sentaban	sentaré sentarás sentará sentaremos sentaréis sentarán	
sentir 느끼다 sintiendo sentido	siento sientes siente sentimos sentís sienten	sentí sentiste sintió sentimos sentisteis sintieron	sentía sentías sentía sentíamos sentíais sentían	sentiré sentirás sentirá sentiremos sentiréis sentirán	

가능	접속법			명령법
	현재	불완료과거 (ra형)	불완료과거 (se형)	
saldría	salga	saliera	saliese	----
saldrías	salgas	salieras	salieses	sal
saldría	salga	saliera	saliese	salga
saldríamos	salgamos	saliéramos	saliésemos	salgamos
saldríais	salgáis	salierais	salieseis	salid
saldrían	salgan	salieran	saliesen	salgan
seguiría	siga	siguiera	siguiese	----
seguirías	sigas	siguieras	siguieses	sigue
seguiría	siga	siguiera	siguiese	siga
seguiríamos	sigamos	siguiéramos	siguiésemos	sigamos
seguiríais	sigáis	siguierais	siguieseis	seguid
seguirían	sigan	siguieran	siguiesen	sigan
sentaría	siente	sentara	sentase	----
sentarías	sientes	sentaras	sentases	sienta
sentaría	siente	sentara	sentase	siente
sentaríamos	sentemos	sentáramos	sentásemos	sentemos
sentaríais	sentéis	sentarais	sentaseis	sentad
sentarían	sienten	sentaran	sentasen	sienten
sentiría	sienta	sintiera	sintiese	----
sentirías	sientas	sintieras	sintieses	siente
sentiría	sienta	sintiera	sintiese	sienta
sentiríamos	sintamos	sintiéramos	sintiésemos	sintamos
sentiríais	sintáis	sintierais	sintieseis	sentid
sentirían	sientan	sintieran	sintiesen	sientan

부록. 동사변화표

법	직설법				
시제 / 동사	현재	부정과거	불완료과거	미래	
ser ~이다 siendo sido	soy eres es somos sois son	fui fuiste fue fuimos fuisteis fueron	era eras era éramos erais eran	seré serás será seremos seréis serán	
servir 봉사하다 sirviendo servido	sirvo sirves sirve servimos servís sirven	serví serviste sirvió servimos servisteis sirvieron	servía servías servía servíamos servíais servían	serviré servirás servirá serviremos serviréis servirán	
tener 가지다 teniendo tenido	tengo tienes tiene tenemos tenéis tienen	tuve tuviste tuvo tuvimos tuvisteis tuvieron	tenía tenías tenía teníamos teníais tenían	tendré tendrás tendrá tendremos tendréis tendrán	
traer 가져오다 trayendo traído	traigo traes trae traemos traéis traen	traje trajiste trajo trajimos trajisteis trajeron	traía traías traía traíamos traíais traían	traeré traerás traerá traeremos traeréis traerán	

		접속법		명령법
가능	현재	불완료과거 (ra형)	불완료과거 (se형)	
sería	sea	fuera	fuese	----
serías	seas	fueras	fueses	sé
sería	sea	fuera	fuese	sea
seríamos	seamos	fuéramos	fuésemos	seamos
seríais	seáis	fuerais	fueseis	sed
serían	sean	fueran	fuesen	sean
serviría	sirva	sirviera	sirviese	----
servirías	sirvas	sirvieras	sirvieses	sirve
serviría	sirva	sirviera	sirviese	sirva
serviríamos	sirvamos	sirviéramos	sirviésemos	sirvamos
serviríais	sirváis	sirvierais	sirvieseis	servid
servirían	sirvan	sirvieran	sirviesen	sirvan
tendría	tenga	tuviera	tuviese	----
tendrías	tengas	tuvieras	tuvieses	ten
tendría	tenga	tuviera	tuviese	tenga
tendríamos	tengamos	tuviéramos	tuviésemos	tengamos
tendríais	tengáis	tuvierais	tuvieseis	tened
tendrían	tengan	tuvieran	tuviesen	tengan
traería	traiga	trajera	trajese	----
traerías	traigas	trajeras	trajeses	trae
traería	traiga	trajera	trajese	traiga
traeríamos	traigamos	trajéramos	trajésemos	traigamos
traeríais	traigáis	trajerais	trajeseis	traed
traerían	traigan	trajeran	trajesen	traigan

법	직설법			
시제 동사	현재	부정과거	불완료과거	미래
venir 오다 viniendo venido	vengo vienes viene venimos venís vienen	vine viniste vino vinimos vinisteis vinieron	venía venías venía veníamos veníais venían	vendré vendrás vendrá vendremos vendréis vendrán
ver 보다 viendo visto	veo ves ve vemos veis ven	vi viste vio vimos visteis vieron	veía veías veía veíamos veíais veían	veré verás verá veremos veréis verán
vestir 옷을입히다 vistiendo vestido	visto vistes viste vestimos vestís visten	vestí vestiste vistió vestimos vestisteis vistieron	vestía vestías vestía vestíamos vestíais vestían	vestiré vestirás vestirá vestiremos vestiréis vestirán
volver 돌아오다 volviendo vuelto	vuelvo vuelves vuelve volvemos volvéis vuelven	volví volviste volvió volvimos volvisteis volvieron	volvía volvías volvía volvíamos volvíais volvían	volveré volverás volverá volveremos volveréis volverán

가능	접속법			명령법
	현재	불완료과거 (ra형)	불완료과거 (se형)	
vendría	venga	viniera	viniese	----
vendrías	vengas	vinieras	vinieses	ven
vendría	venga	viniera	viniese	venga
vendríamos	vengamos	viniéramos	viniésemos	vengamos
vendríais	vengáis	vinierais	vinieseis	venid
vendrían	vengan	vinieran	viniesen	vengan
vería	vea	viera	viese	----
verías	veas	vieras	vieses	ve
vería	vea	viera	viese	vea
veríamos	veamos	viéramos	viésemos	veamos
veríais	veáis	vierais	vieseis	ved
verían	vean	vieran	viesen	vean
vestiría	vista	vistiera	vistiese	----
vestirías	vistas	vistieras	vistieses	viste
vestiría	vista	vistiera	vistiese	vista
vestiríamos	vistamos	vistiéramos	vistiésemos	vistamos
vestiríais	vistáis	vistierais	vistieseis	vestid
vestirían	vistan	vistieran	vistiesen	vistan
volvería	vuelva	volviera	volviese	----
volverías	vuelvas	volvieras	volvieses	vuelve
volvería	vuelva	volviera	volviese	vuelva
volveríamos	volvamos	volviéramos	volviésemos	volvamos
volveríais	volváis	volvierais	volvieseis	volved
volverían	vuelvan	volvieran	volviesen	vuelvan